中国农业劳动力的重新配置

喻 葵 著

企业管理出版社

图书在版编目（CIP）数据

中国农业劳动力的重新配置／喻葵著. －－北京：企业管理出版社，2016. 3

ISBN 978 － 7 － 5164 － 1201 － 5

Ⅰ. ①中…　Ⅱ. ①喻…　Ⅲ. ①农业劳动力 － 劳动力安排 － 研究 － 中国　Ⅳ. ①F323. 6

中国版本图书馆 CIP 数据核字（2016）第 020813 号

书　　　名：中国农业劳动力的重新配置
作　　　者：喻　葵
责任编辑：尤　颖　田　天
书　　　号：ISBN 978 － 7 － 5164 － 1201 － 5
出版发行：企业管理出版社
地　　　址：北京市海淀区紫竹院南路 17 号　　　邮编：100048
网　　　址：http：//www. emph. cn
电　　　话：总编室（010）68701719　发行部（010）68701816
　　　　　　编辑部（010）68701638
电子信箱：80147@ sina. com
印　　　刷：北京天正元印务有限公司
经　　　销：新华书店
规　　　格：170 毫米 × 240 毫米　16 开本　8 印张　120 千字
版　　　次：2016 年 3 月第 1 版　　2016 年 3 月第 1 次印刷
定　　　价：49. 80 元

前　言

　　我国农业劳动力剩余的问题，是我国经济发展中的大问题，也是社会发展中的大问题。

　　在中国经济的发展中，相对于任何一种经济资源来说，人力资源是最丰富的，是最大的比较优势。如何有效地利用人力资源、合理地配置人力资源，是中国经济实现长期持续发展的关键。为此，必须大力发展劳动力市场，大力促进劳动力合理有序流动，包括从农业部门向非农产业部门流动，从农村向城镇流动，从欠发达地区向发达地区流动，从国有经济部门向非国有经济部门流动，因而实现农业劳动力剩余的转移是中国农业劳动力实现合理配置的核心内容。

　　自 20 世纪 90 年代以来，中国最突出的就业压力，主要来自约占 1/2 农业劳动力总数的大量的农业劳动力剩余（胡鞍钢，1997）。解决这一问题的难点在农村，只有真正解决了农村劳动力剩余的就业问题，实现农村劳动力剩余的合理转移，才能避免劳动力资源的浪费，同时避免引发其他的社会问题（国家统计局农调总队社区处，2002）。

　　农村劳动力剩余转移是加快实现全面建设小康社会的前提。全面建设小康社会，重点和难点都在农村。长期以来，大量劳动力剩余滞留在农村，严重制约着农村经济的发展和农民收入的增加。从全国来看，要富裕农民，必须减少农民。只有减少农民，增加农村人均资源占有量，促进资源的合理配置，才能提高农民收入，实现城乡经济的协调发展。我国农村是典型的属于劳动力资源相对于土地资源等生产要素大大过剩的情况，庞大的人口基数使农村劳动力供给的增长一直快于农村经济发展对劳动力的需求。大量农村劳动力剩余就业问题如果解决不好，不仅是人力资源的巨大消费，而且，随着时间的推移，人地矛盾将会更加突出，耕地和其他资源的掠夺性开发将会日益严重。因此，必须减少农民，提高农业生产率，加快实施土地的规模经营。据统计，21世纪初，我国现有耕地总面积为13.4亿亩，人均仅1亩多，仅为世界平均水平的1/4。我国农业生产率是美国的1/40，法国的1/20，日本的1/2，远远低于世界平均水平。我国农业生产突出的问题：一是农户土地规模过小。在均田承包的土地制度下，农户经营的土地块数多且分散。20世纪80年代中期，农户平均经营规模为9.3亩，每户承包地块分割为9.7块，1990年户均规模下降到8.47亩，每户8.2块。二是农业生产技术含量比较低。1998年我国耕地中只有53.7%采用机耕，7.7%采用机械化播种，9.1%采用机械化收割。实现农业土地规模经营的前提就是减少农民，也就是说将大量农村劳动力剩余合理转移出去。只有当农业经营单位达到一定单体规模时，才能发挥农业机械和现代化种植方式的作用，从而提高农业劳动生产率，增加农民收入。这是全面建设小康社会的最大的任务之一（陈先运，2004）。

关于农业劳动力剩余问题，是在20世纪中叶提出的，并由美国经济学家刘易斯等一批经济学家在理论上给出了解释。

要解决我国农业劳动力剩余问题，首先就要估计或测算我国农业劳动力剩余的数量，其次就要估计或测算我国农业劳动力剩余是否转移完毕，即刘易斯转折点是否到来。

自20世纪80年代初以来中国农村劳动力剩余问题受到了学者们的广泛关注，其中农村劳动力剩余数量的测算问题自20世纪80年代中期以来已经成为一个主要的关注点。学者们提出并研究了很多种测算方法，见仁见智，有些方法简单实用，又有些方法精密繁琐。但据此测算出来的农村劳动力剩余数量却相去甚远。这其中当然还有概念界定的问题，进而造成测算范围有差异，以及所采用数据有差异等（郑晓云等，2010）。

我国农业劳动力剩余问题虽然是个重大问题，但是直到现在，我国农业劳动力剩余仍然没有转移完毕。因此，对于农业劳动力剩余问题的理论解释，农业劳动力剩余数量的估计与测算方法仍有系统整理的必要。这是本书撰写的根本目的。另一方面，在调查阅读资料的过程中，发现有的理论解释中、有的劳动力剩余数量测算方法的推导过程中，出现了一些过于粗糙的地方，为此借本书略为细过一下，以示读者。这是本书撰写的另一个主要目的。

本书广泛采用了诸多专家学者的研究成果，在此深表谢意！由于作者水平有限，书中出现的疏漏、不足和错误，敬请专家和读者批评指教、不吝赐教。

喻 葵

于上海

目　录

绪 论

20世纪30年代西方经济大萧条时期，一些国家大批城市工人为避免失业被迫接受一些知识、技能的训练，但仍得不到充分利用这些知识、技能的工作，从而使其生产率远低于潜在的生产率。针对这一现象，英国经济学家琼·罗宾逊提出隐性失业（Disguised or Concealed Unemployment）的概念。诺贝尔奖获得者美国经济学家刘易斯在他的1954年的《劳动无限供给条件下的经济发展》一文中（Lewis，1954），进一步用隐性失业来描述发展中国家传统农业部门那些边际生产率为零的过剩劳动力的就业现状。后来，罗森斯坦·罗丹（Paul Rosenstein Rodan）把这一概念引入发展经济学中。从此，隐性失业就成了发展经济学的一个术语，它指工业化过程中从农业中分离出来而没有影响到农业产出的那部分边际生产力等于或小于零的劳动力的就业状况。在隐性失业的状况下，劳动力与生产资料不仅量上不匹配，而且在质上也不相适应，只有形式的结合而不是实质上的有效结合。显然，隐性失业的特点是，从生产者利润最大化目标来看，他们是剩余劳动力；从劳动力市场上来看，他们始终存在劳动力实际供给的愿望，有时会从谋求第二职业来显现。

关于发展中国家的传统农业中是否存在剩余劳动力（即是否存在隐性失业）这个问题上，经济学家们一直有着激烈的争论。诺贝尔经济学奖得主舒尔茨教授认为：在发展中国家的传统农业中，资源的配置是完全有效率的，通过重新配置农业生产中的各生产要素，不会使农业生产有显著增长，因此不能说其中劳动力有过剩现象。刘易斯却认为：发展中国家一般有较为庞大的传统农业部门，并且吸收了大量就业人口。过多的就业人口使得农业部门劳动生产率极为低下或几乎为零，有些情况下甚至为负。他将传统农业中的这部分边际劳动生产率为零或为负的劳动力称为农业剩余劳动力。

目前，大多数经济学家更倾向于刘易斯的观点，即承认发展中国家的传统农业中存在着大量的过剩劳动力。美国经济学家森（Sen）在其经济发展两阶段的模型中指出，随着农业剩余劳动力的转移，必须延长其他滞留在农业里的劳动力的工作日，当工作日延长到一定限度时，农业劳动力的进一步减少就会使农业产量相应减少，这时，农业的剩余劳动力就基本上不存在了。表现在整体经济体系中，就是工业部门的劳动力再也不是无限供给的了，劳动力供给曲线就会向右上方倾斜，这时经济发展进入第二阶段。但是，对大多数发展中国家而言，经济发展仍处于第一阶段，即传统农业中仍存在大量的剩余劳动力。

怎样解决隐性失业问题，怎样运用低质劳动力问题，在一个国家的发展战略中都包含有这些问题。早期的发展文献常说，大量人所从事的工作，对国民产出的增加毫无贡献。强调这一思想，并以此作为对发展进程分析基石的经济学家是纳克斯（Nurkse，1953）和刘易斯（Lewis，1954）。纳克斯将剩余劳动力向更具生产性用途的方面重新配置，尤其是向劳动密集的建筑项目转移，视其为资本形成与经济增长的主要源泉。刘易斯所设想的劳动力再配置过程与此相似，只不过他把"资本主义部门"，主要是工业，描述为剩余劳动力的主要雇主。在两位经济学家看来，劳动力的重新配置几乎是无成本的，尽管他们也谈到了如何从农业部门获得劳动力再配置所需要的食品问题。现代经济增长不仅包含了人均产出的增加和全要素生产率的提高，还包含了经济结构的变化，当然这是随着人均收入的增加而发生的。众所周知，经济结构的变化就是农业劳动人口数量的下降和工业及服务部门劳动人数的上升。在工业部门内部还存在着结构变化，走工业化道路的国家，通常以简单的劳动密集型产业为起点，如制鞋制衣等，然后转向更加复杂的资本密集型工业，如石油化工和汽车等。

中国人多地少的矛盾一直很突出，农业中积淀了大量边际劳动生产率为零或为负的劳动力。相对于农村经济发展的水平而言，中国农村人口及劳动力的增长速度过高，就业与提高生活水平都有困难，因而农业劳动力剩余又是一种缺乏经济与转移基础的"空悬劳动力"。国际经验表明，一个国家的人口每年若增长1%，要想保持人们的生活水平不下降，那么经济增长速度就得维持在4%以上。中国在1952—1975年的23年间，人口平均增长率为2.1%，但经济平均增长率却只有6%（以国民收入计算）。农村的情况则更为严重，1949—1978年间，农村人口增长率高达2.07%，但农业国民经济增长率只有

5.56%。因而，从 20 世纪 50 年代到 20 世纪 70 年代末，中国农村积累了规模巨大的农业劳动力剩余。

我国自从改革开放以来，出现了大量的农村劳动力进城务工现象。此现象在 20 世纪 70 年代被称之为"外流劳动力"，在 20 世纪 80 年代被称之为"盲流"，在 20 世纪 90 年代被称之为"农民工"，一直沿用至今。

我国农村劳动力剩余流向城镇，究其原因，是比较利益的驱动（刘正鹏，1987）。比较利益的驱动又分为产业比较利益的驱动和地区比较利益的驱动。

产业比较利益的驱动。农民首先感受与关注的是农业比较利益与非农业相比，与城市二三产业相比，农业比较利益均偏低。据对住户调查，1993 年城镇居民人均生活费收入与农民人均纯收入比为 2.6∶1。如果加上城镇居民的各种补贴、社会福利和住房补贴等，在农民收入中扣除各种不合理负担后，实际的城乡差距可能达到 4 倍以上。城镇居民收入和农民人均纯收增长之比，1981 年为 2∶1，1983—1984 年为 1.7∶1，1986 年为 1.95∶1，1987 年为 2∶1，1990 年为 2.2∶1，1993 年为 3.1∶1。城市 20% 的高收入户与农村 20% 的高收入户的平均收入之比，高达十多倍。造成这种收入差距与扩大趋势的原因之一，是农副产品价格与农业生产资料价格的剪刀差（参见《瞭望》，1995 年第 10 期）。农业比较利益偏低是一种客观存在，当农民意识到这一点时就会产生强烈的离农倾向。这种利益觉醒现象在许多年内从城镇附近波及到更多的穷乡僻壤。

地区比较利益的驱动。中国区域经济发展不平衡现象早已存在，东中西梯度长期没有改变，有时还有继续扩大之趋势。地区性收入差是民工潮涌动的另一基本动因。1985—1991 年，中国东部和中部两个经济带使农村人均产值差距从 452 元增加到 1 858 元，东部与西部的"档次"拉得就更大。不管是贫困还是已经仅够温饱的中西部农民，都受到东部相对的高收入的吸引，纷纷到沿海地区"淘金"。乡镇工业发达的地区，也有少数人流向外地城乡。其中的一个重要的驱动因素，是他们在外地城乡可以得到更多的收入。西方古典推拉理论认为，劳动力迁移是由迁入与迁出地的工资差别所引起的。现代推拉理论认为，迁移的推拉因素除了更高的收入以外，还有更好的职业、更好的生活条件、为自己与孩子获得更好的受教育的机会以及更好的社会环境。如果用现代推拉理论来解释中国农村劳动力的外流，要解决的第一个问题就是真正的自由选择迁移是否存在，这一点已经被许多研究所否定。事实是，在完全的计划经济体制下，农民缺乏流动的自由，而在改革开放以后，农民则部分地得到了流动的自由。在建立市场经济体制的过程中，随着城乡劳动力市场的一体化发展，这种自由不断扩大。只要农民有了一定的自由（并不一定需要完全的自由），现代推拉理论对于中国农村剩余劳动力的区域性流动，就具有一定的解释力。总之，现阶段中国农民外流的推力是农业低收入、本地非农就业机会缺乏、对本地社会条件满意度低等多种因素。

我国农村劳动力剩余流向城镇，究其迁徙的形式，属于连锁迁移（刘正鹏，1987）。目前，世界上的国际移民高潮已近尾声。国内移民的高潮，在发达国家农业人口向城市迁徙大大变慢甚至停止。在发展中国家，农业人口流入城市的过程正在加速。我国"农民工"进城与其他国家的国内移民现象相比，共同点之一就是连锁迁移，即移民本人不仅通过先行的移民而获得就业信息，而且还接受了先行移民提供的就业、住宿等方面的实际帮助。正是这种连锁迁移，才形成了蔚为壮观与持久不断的"移民流"。第一次来到都市的青年惊喜地发现"外面的世界真精彩"，工作不好找，但也有可能找到；赚钱不容易，但也有人赚到了。年终风尘仆仆地回到农村的"打工仔""打工妹"不仅口袋鼓起来了，还知道那么多有趣的事。他们成了当地人心目中的"英雄"，引来了许多羡慕的目光。"空手而出，抱财回家""三百万川军闯天下，一年赚回五十亿""劳务大军又添劲旅、赣军已达一百五十六万"，中国中西部省份的传媒春节前都以这样欣喜、兴奋的语调报道农民工给当地经济带来的好处。劳务输出已成为不发达地区发展经济的重要手段，当地将此作为一项产业来抓。这种舆论导向和外出打工者"衣锦还乡"的活广告，无疑把民工潮源头的闸门又提升了几级。春节一过，外出打过工的又要走了，没有外出打过工的也想跟着走。这样，一带一，一带二，滚雪球般的示范效应就产生了。当时的"移民流"被人们称之为"民工潮"，也正是这种连锁迁移，才形成了许多来自农村的同乡劳动团体与同乡群居村落。例如，南京有"河南村""安徽村"等，北京有"浙江村"等。可见，许多农民加入"民工潮"的纽带是地缘与亲缘关系。

从20世纪90年代初开始的十多年来，有许多学者就研究了中国大陆农村有多少剩余劳动力（刘正鹏，1987；宋林飞，1996；许伟等，1993；张佳龙等，1993；高双，2010；成丽丽，2006；陆学艺，2002），但由于受数据的可得性、可靠性及一些制度性因素的影响，再加上学者们对剩余劳动力概念的认识的不一致，使用的估算方法与数据也不尽相同，造成了估算结果的分歧较大，估计的农村剩余劳动力从 5 000 万人到 2 亿多人不等。虽然对农村剩余劳动力的数量，还缺少权威性的、具有充分说服力的实证研究，但可以肯定的是，中国农村有大量的剩余劳动力正在转移到其他部门，揭示着中国农业劳动力的重新配置。改革开放初期，大量的农民工涌向建筑行业、制鞋制衣行业等劳动密集型行业；随着改革开放的深入，随着经济的发展、经济结构的转型，石油化工和汽车等复杂的资本密集型工业的就业人数迅猛增加，同时也有许多转向服务行业。

中国农业劳动力的重新配置，取决于中国农业剩余劳动力的多少，并是否转移完毕了。所以本书主要讨论两个问题：

（1）中国农业劳动力剩余数量的测算与估计。

（2）如何判断中国刘易斯转折点是否出现。

第 1 章　我国农业劳动力剩余的概念

　　随着经济的发展，我国农业生产率不断提高，滞留在农业中的劳动力剩余也逐渐增多。农业劳动力剩余问题已经成为关乎我国社会经济发展的一个重大问题。因此，研究我国农业劳动力剩余问题也相应的成为了诸多专家学者们的一个热门课题，学术界拥有一个清晰的农业劳动力剩余的概念非常重要。

　　劳动力就业是关系到国民经济持续稳定健康发展和社会稳定的重大问题，而解决这一问题的难点在农村，只有真正解决了农业劳动力剩余的就业问题，实现农业劳动力剩余的合理转移，实现农业劳动力的重新优化配置，才能避免劳动力资源的浪费，同时避免引发其他的社会问题。

§1.1　农业劳动力的概念

　　要注意农业劳动力的概念，首先要界定的是"农业"这个概念。

1.1.1　狭义农业与广义农业

　　狭义农业专指农作物种植业，这里的农作物包括粮食作物和经济作物等；广义农业包括狭义农业和林业、畜牧业、渔业和副业，其中副业是指家庭手工业仅是作为农业的附属，如农村"小五匠"等，他们一般也都种田。显然这里的"副业"并不包含村及村以下办的工业。值得注意的是，在改革开放以前或初期，广义农业中是以农作物种植业为主，即以狭义农业为主，林、牧、渔、副业所占比例不大，因此，在劳动力投入的计算中，往往粗略地认为两者不加区分。随着改革开放的深入，经济的迅猛发展，农村中社会分工和商品生产的发展，随着产业结构的调整及二三产业的兴起，已使许多传统的农民变为工厂的工人、企业的职员、商业和各种服务业的商人、店员，农业生产作为第一产业已开始从过去的单一经济结构中分化出来；第二、第三产业的发展也将使为农业服务的产前、产后的劳动如农机具、种子、肥料等生产资料的供应运输、植物保护与畜禽疾病的防治、饲料和食品的加工、储藏、销售等从传统的农业劳动中逐渐分离出来。为了适应变化了的新形势，真实反映农业劳动的情况且与国外的统计口径逐渐取得一致以便于比较，以农业生产的性质、农业劳动的特点为标准，本书这样定义农业：农业泛指直接经营、管理、控制农作物、林果苗木及畜、禽、鱼等生长繁殖的生物学活动，而且其产品一般为公认的农产品，其产值在统计时，归入农业产值。

本书使用的"农业"这个概念，恰与国家统计局在新的统计口径下的"第一产业"概念是一致的。

1.1.2　农业劳动力与农村劳动力

农业劳动力是指在现有农业耕作方法、生产技术、养植技术等条件下实际从事农业的劳动者。具体来说，就是指直接经营、管理、控制农作物、林果苗木及畜、禽、鱼等生长繁殖的生物学活动的劳动者，而且他们的产品是一般公认的农产品，其产值归入农业产值。

因此，农业劳动力是按照劳动力所从事职业的性质划分的，与之相对应的经济范畴是非农业劳动力。

农村劳动力是按照劳动力所从事职业的地域划分的，其对应的经济范畴是城镇劳动力。所以农村劳动力与农业劳动力是两个不同的概念。此外，农村劳动力与农业劳动力在量上也不相同，农村劳动力的数据范围更广一些，它既包括农业劳动力，即第一产业的劳动力，也包括农村第二、第三产业的劳动力。

§1.2　农业劳动力剩余的概念

农业劳动力剩余，简单来说，就是农业劳动力中多余的劳动力。具体来说就是，农业劳动力总量中除去农业必要的劳动力数量加上非农业劳动力所占有的等效劳动岗位，用关系式表示为：

$$\substack{\text{农业劳动} \\ \text{力剩余}} = \text{农业劳动力总量} - \substack{\text{农业必要} \\ \text{劳动力数量}} + \substack{\text{非农业劳动力} \\ \text{占有的等效} \\ \text{农业劳动岗位}}$$

虽然这一关系表述简单，但由于"农业必要劳动力"难以计量或定义，而且，目前几乎所有的定义都没考虑非农业劳动力对农业劳动力剩余的影响。因此，"农业劳动力剩余"实际上是一个众说纷纭的概念。然而，非农业劳动力对农业劳动力剩余的影响在我国确实是很小的，本书也几乎不予以考虑，所以实际上使用的公式仍然是：

$$\text{农业劳动力剩余} = \text{农业劳动力} - \text{农业必要劳动力}$$

1.2.1 农业劳动力剩余与农村劳动力剩余的联系与区别

农村劳动力剩余，目前也没有一个公认的定义。相对而言，比农业劳动力剩余更加复杂。

首先，农村劳动力剩余包含的范围更广，既包括广义的农业劳动力剩余（即第一产业的劳动力剩余），也包括农村二三产业的劳动力剩余，用关系式可表示为：

$$\text{农村劳动力剩余} = \text{农业劳动力剩余} + \text{农村非农产业劳动力剩余}$$

因此，农村劳动力剩余在数量上大于农业劳动力剩余，而且在测定时也会更加复杂。

其次，农村劳动力剩余与农业劳动力剩余的类别属性不同。农村劳动力剩余属于地域范畴，与城市劳动力剩余相对应；农业劳动力剩余属于产业范畴，与非农产业劳动力剩余相对应。

现实研究中，多数人只研究农业劳动力剩余，其主要原因是：我国农村劳动力剩余的地域范围难于界定。尤其是 1984 年放宽建镇标准，实施以镇带村，1986 年放宽建市标准实施以市带县的行政体制以来，市镇地域人为扩大，使农村劳动力剩余难以计量。同时，农业劳动力剩余又是我国农村劳动力剩余的主体。的确，就整体而言，我国农村二三产业的劳动力剩余相对较少，而且这部分劳动力剩余多数会回到原居住地参加农业劳动，最终会表现为农业劳动力剩余。从这个意义上来说，在一定时期内可以认为，我国农村劳动力剩余约等于农业劳动力剩余，用表达式表示为：

$$\text{农村劳动力剩余} \approx \text{农业劳动力剩余}$$

不过，决不能将这两个概念混为一谈。

1.2.2　我国农村劳动力剩余的存在形式

刘正鹏（1987）认为，农村劳动力剩余的形式有三种：

（1）外在型的劳动力过剩，即劳动力失业，劳动者不能与生产资料相结合，无法参加生产过程，他们的才能得不到发挥。

（2）就业不足，即劳动者能够参加工作的时间比他们愿意参加工作的时间要少。

（3）形式上在劳动，但实际上未得其用，劳动者的特长未能得到发挥。

就我国农村的现实情况而言，第三种形式的劳动力过剩一般来说是不存在的，而且农村劳动者都占有一定数量的生产资料，那么第一种形式的劳动力过剩也是不存在的。所以，我国农村劳动力过剩表现为就业不足。

造成就业不足的原因有以下几点：

（1）农业生产（指种植业与养殖业）有很强的季节性，这就造成在农闲季节劳动力利用不充分。

（2）农村经济结构不合理，种植业占很大比重。

（3）农村劳动力资金装备程度很低，农村劳动力不能充分地与生产资料相结合，即便在农忙季节也存在农村劳动力过剩现象。

1.2.3　我国农村劳动力剩余流动的历史回顾

国家统计局农调总队社区处（2002）指出，我国农村劳动力剩余向非农产业进行流动与转移，始终伴随着我国经济发展的历史进程。

1978 年是我国的农村劳动力剩余转移的转折点。1979 年以后改革开放促使乡镇企业异军突起，不仅成为我国农村经济的重要支柱，同时也为农村劳动力剩余转移开辟了新的渠道。归纳起来，这一时期农村劳动力剩余转移大体经历了以下几个阶段：

（1）1979—1988 年，为恢复性流动的起始阶段。

这一时期正处于农村改革初期，农村经济体制改革极大地调动了农民的生产积极性，农业生产连年丰收，使农村劳动力剩余在强大的内部冲力和外部拉力作用下，第一次大规模地向非农产业转移。这期间，平均每年转移规模为 540 多万人，年平均增长 10% 左右，农村非农产业劳动力占劳动力总数的比重由 1978 年的 10.3% 上升到 21.5%。

（2）1989—1991 年，为农村劳动力剩余流动缓慢发展阶段。

这一时期受大环境的影响和自身条件的约束，我国农村剩余劳动力转移速度明显放慢。这 3 年间，农村非农产业劳动力仅增加 290 多万人，年平均转移规模约为 100 万人，仅为前一阶段的 18%。同期，农村新成长的劳动力又大量进入农业就业，使这一时期非农产业劳动力占农村总劳动力的比重由 1988 年的 21.5% 下降为 20.7%。

（3）1992—1996 年，为农村剩余劳动力的迅猛扩张阶段。

1992 年我国确立社会主义市场经济体制目标，改革推进、发展加快，进一步为农村劳动力流动提供了有利条件，使我国农村劳动力剩余进入了一个全方位大规模转移的阶段。1992 年和 1993 年我国农村劳动力剩余转移的总规模分别达到 1 800 万人和 3 000 多万人。

（4）1997—2002 年，为稳定发展阶段。

这一时期由于部分工业品和农业产品相对过剩，加上亚洲金融风暴的冲击，我国实行了战略性的结构调整，城市出现了下岗工人，乡镇企业规模压缩和调整，劳动力的转移出现了较大的困难，农村劳动力剩余转移发展趋缓。据抽样调查，这几年中当年转移劳动力占总劳动力的比重基本维持在 6% 左右。

改革开放以来，农村劳动力实现了向非农产业的大规模转移，这是历史发展必然趋势。据测算，1978—2000 年，我国农村累计向非农产业转移农业劳动力 1.3 亿人，平均每年转移 591 万人，约占农村劳动力剩余存量的 76.5%。

在这一阶段的最后几年，我国农村非农劳动力就业比例逐年上升。2000 年农村非农劳动力就业比例为 23.9%。从农业转移劳动力的行业结构看，工业作为主导行业，比重为 37.8%，其他依次为建筑业、服务业、其他行业、运输邮电业、文教卫生业等。农业转移劳动力的区域分布，主要转向东部地区，比例为 68.4%，转向中部地区为 18.5%，转向西部地区仅为 13.1%。

2000 年全国跨省的农业劳动力流量占全国的农业劳动力流量的比例为 24.6%，比 1999 年的 20.9% 增加了 3.7 个百分点。在跨省农村劳动力剩余的流量中，转向东部地区的农业转移劳动力占 84.0%，转向中、西部地区的农业劳动力分别为 6.4% 和 9.6%。在转向东部地区的农业劳动力中，来自中、西部地区的农业劳动力分别为 56.2%、24.7%。在转向中部地区的农业劳动力中，来自东、西部地区的农业劳动力分别为32.5%、24.9%。在转向西部地区的农业劳动力中，来自东、中部地区的农业劳动力分别为10.0%、11.3%。

1.2.4　我国农村劳动力剩余流动的模式与速度

根据宋林飞（1996）的研究，我国农村劳动力剩余流动的模式，一种是"离土不离乡"的转移模式。这种模式是一种低成本的转移。决定农村劳动力剩余流向的因素，首先是就业机会，包括本地的就业机会和外地的就业机会。如果本地有就业机会，农村劳动力剩余就会更多的就地转移。农村非农产业的发展，为本地农业剩余劳动力提供了日渐增多的工作岗位，从而逐步形成了"离土不离乡"的转移模式。离土不离乡就是在社区内部变动职业，即进乡村企业务工，或者以家庭为单位从事商品性非农生产。这样，农民仍然居住在原有的住宅里，或者把住宅变成家庭工业或其他经营活动的用房，从而节约了房租或生产性用房的投资，降低了农民个人角色转换的成本。我国农村资金短缺，适宜采用就业成本低的方式。据测算，城市国有经济每1亿元投资，可吸纳1万左右的劳动力，而乡镇企业增加1亿元投资，则可吸纳5万左右的劳动力，一些村办企业的吸纳率更高。这种低成本的转移方式主要表现为钟摆式流动，即进入居住地附近城镇务工经商，早出晚归。

20世纪80年代我国农业劳动力剩余转移的主要模式是"离土不离乡"。据国家统计局统计，1991年底全国乡镇企业非农业职工人数为9 363万人，占乡村劳动力总数的21.7%。1978—1991年，转移到乡镇企业与乡村文化教育、医疗卫生等部门的乡村劳动者为8 500万人，转移到城市的乡村劳动者为1 680万人，分别占总转移劳动力的83.5%与16.5%。

有人认为，农村人口大量流入城市是工业化的必然进程，"离土不离乡"是与这一进程背道而驰的。这一观点与国外学者根据西方社会的情况而提出的"人口移动转变规律"相似：大量农村人口流入城市发生在从前工业社会向工业社会转变的早期阶段，在这一时期里经济中心和外围的差别出现，现代化从变革的中心向外围扩散（Zelinsky，1975）。在中国从前工业社会向工业社会转变的早期阶段，经济中心与外围并不等同于城市与乡村。经济中心不单纯是在城市，农村也可以以小城镇为基础形成经济中心。因此，"离土不离乡"与小城镇建设是紧密相关的。我国农村幅员广大，人口稠密，通过就地吸收农村劳动力剩余而发展小城镇与建设现代化城市，是相辅相成的，是现实可行的。"离土不离乡"本身不是谁出的主意，也不是谁下的一道行政命令，而是客观条件下中国农民自己走出的路。现在离土不离乡的这部分人为数很大，20世纪世纪90年代中叶估计全国达到8 000多万人。这么多人全部都离乡进城，需要再建能够容纳30万人口的大城市200多个，这在短短的十多年时间内是不可能做到的。"农民充分利用原有的农村生活设施，进镇从事工商业活动，不失为最经济、最有效的方法。"（费孝通，1986年）。

我国农村劳动力剩余流动的模式，另一种是"离土又离乡"的转移模式。这是一种跨社区流动的高社会成本模式。"离土不离乡"只是农村劳动力剩余的一种隐性"民工潮"，而"离土又离乡"则是一种显性的"民工潮"。如果本地缺乏非农就业机会，该地农民就会"离土又离乡"，这也是合理的流动。"离土又离乡"这种转移模式将越来越显得重要。这种转移模式的个人成本，远比"离土不离乡"模式要高。离土又离乡的转移模式，包括：

（1）挪窝式转移，即全家进入外地集镇或城市居住与工作。

（2）单飞式流动，指个别家庭成员常年进入外地城镇就业的流动。

对于"离土又离乡"的农村劳动力剩余的跨社区流动，可以用"二重劳动力市场"理论来解释。这种理论认为，城市中有两个劳动力市场，一个是正式的劳动力市场，进出的是城里人，另一个是非正式劳动力市场，提供城里人所不愿从事的工作（Todaor，1982）。我国城市中确实也存在"二重劳动力市场"，其中非正式劳动力市场吸纳了大批来自农村的"打工仔"与"打工妹"。如果没有"二重劳动力市场"，每年就难于形成强劲的"民工潮"。进城农民工的低保障是农村劳动力剩余转移中的一种高成本因素。由于进城农民工的医疗、住房、教育（包括子女的教育）等得不到足够的保障，必然造成农民工进城的高成本支出。城镇中农民流动人口的违法犯罪，是跨社区流动的又一种社会成本。有些地区，城镇外来人口违法犯罪率出现明显的上升态势，对社会治安和当地居民的安全感造成很大的威胁。

我国农村劳动力剩余流动的模式，从另一个角度去看，呈现梯度转移模式。这种模式包含两种现象：一是，第一产业的劳动力过剩转向第二产业的速度快于转向第三产业的速度；二是，到20世纪世纪90年代中期为止，第二产业比第三产业容纳更多的农业劳动力剩余。先发达地区已形成"二一三"

的劳动力结构。苏南地区为例，1985 年，工业和农业劳动力的比重：无锡市为51.2%和15.8%；苏州市为43.4%和36.7%，常州市为40.0%和39.3%；到1990 年，三市的第三产业的就业比重分别为28.9%、52.2%（工业46%）和18.9%，如表1-1所示。

表1-1　苏州、无锡、常州三市劳动力结构　（单位:%）

年份	第一产业	第二产业	第三产业
1952	80.9	8.5	10.6
1978	60.0	28.9	11.1
1980	55.6	33.5	10.9
1985	34.0	49.6	16.4
1990	28.9	52.2	18.9

资料来源：《江苏统计年鉴》（1991）。1952 年为苏州市资料。

　　第一产业就业比重由80.9%下降到30%以下，苏南地区（苏、锡、常）只用了近40年时间，而日本用了80多年的时间，即从19世纪80年代到20世纪60年代。1878—1882 年，日本劳动力的就业构成是：第一产业占82.3%，第二产业占5.5%，第三产业为12.1%；1960 年，第一产业为32.3%，第二产业为29.5%，第三产业为38.2%（见胡焕庸、张善余：《世界人口地理》，第209页）。这表明苏南地区发展速度与现代化进程比日本更为迅速。

　　中国农村劳动力剩余的产业性梯度转移模式与发达市场经济国家相似，而不同于发展中国家的"跨梯度转移"模式。在发达国家，随着社会经济的日益发展，农村劳动力相对于制造业来说趋向减少，而制造业劳动力相对于服务业来说也趋向减少（见克拉克，《经济进步的条件》，第492页）。"跨梯度转移"模式表明，发展中国家开始工业化以后，可以跳过某些技术发展阶段，直接采用节约劳动的新技术，形成"后起者优势"，促使第一产业的劳动力剩余主要转向第三产业。也就是说，第三产业就业者的增长速度超过了第二产业的增长速度，并且第三产业就业者的比重超过了第二产业就业者的比重。例如，中等收入的发展中国家与地区，1960 年第一产业的劳动力比重为62%，第二产业的劳动力比重为15%，第三产业的劳动力比重为23%；到1980 年，第一、第二、第三次产业就业者比重分别为46%、21%与34%。这是一种"外发型"的经济增长所导致的劳动力转移模式。不过，发展中国家

13

为了跳过某些技术发展阶段，从发达国家获取"后起者优势"，历经了抗争与艰辛，并付出了高昂的代价。

在20世纪80年代中期到20世纪90年代中期的十多年来，中国经济主要通过内发型增长渠道向前推进，资本和技术均主要依靠自我积累和自我发展，这种发展加速了农村劳动力剩余的转移。1952年农村劳动力占社会劳动力的比重是83.5%，至1977年下降为74.4%。25年下降9.1个百分点，年均下降0.346个百分点。转移的总量不足3 000万人。

1977—1992年农村劳动力占社会总劳动力的比重由74.4%下降到58.5%。15年下降15.9个百分点，年均下降1.06个百分点。这一阶段转移出来的农业劳动力约有15 000万，相当于前一段转移规模的5倍。

根据中央制定的经济发展"两步走"的决策，到21世纪中叶，我国经济将达到中等发达国家的水平。如果今后我国农村劳动力转移能按这一速度进行，那么可以推算出，再约过23年，即到2038年时，农村劳动力占全社会劳动力的比重将由目前的1/2以上降到1/10以下。农村劳动力比重的高低，是衡量一个国家农业是否实现现代化的标志。

再与已完成了农村劳动力剩余转移的发达国家的转移速度相比较。欧美主要的发达国家中，农村劳动力在全国就业人口中所占比重由1/2下降到1/10，一般要经历80—100年。转移速度最快的数日本，1947—1985年，日本农村劳动力占全社会劳动力的比重由51.6%下降为8.8%。38年下降42.8个百分点，年均下降1.13个百分点。可见，即使与日本相比，中国目前农村劳动力比重年均下降1.06个百分点的转移速度也相差无几。

1.2.5 我国农村改革的实质是解放农业劳动力，是更合理地配置农业人力资源（宋林飞，1996）

中国农村第一步改革的核心内容是把资源配置的基本单位由人民公社的生产队转换为家庭。家庭承包制是农民的自发行为被纳入国家社会经济体制的结果。它对于农民的解放作用，首先是使农民有可能摆脱土地的束缚，取消了过去强加在农民身上不准离开土地的行政性限制。由家庭来配置劳动力资源，农民就有了支配自己劳动力的自主权。"流动性"是农民自由支配劳动力的表现。例如一些乡，其乡村人口不再种地，而是进工厂做工挣钱，或走乡串户跑买卖，真可谓"八仙过海，各显神通"，开拓出种种"发家致富"的渠道。我国的人口大部分在农村，农村的人口开始流动了，这不仅为我国社会增添了无穷的活力，同时也形成了巨大的就业压力。

家庭比生产队具有更高的利益觉醒度，其配置资源的行为直接受利益最大化追求的影响。家庭承包制实行之初，农民的种田积极性来自获得土地的惊喜与憧憬，那是与集体生产相比较而焕发出的生产激情。后来，埋头种地的农民发现，同那些丢开土地、不种地的人相比较，自己是"最没有出息的"。这是横向比。纵向比，改革初期，农民收入的增长幅度相当高，到 20 世纪 80 年代中期，增长速度则逐步放慢。据统计，1979—1984 年，农民每年人均纯收入实际增长 15.1%；1985—1988 年，农民每年人均纯收入实际增长 5%；1989—1991 年，农民每年人均纯收入实际增长 0.7%。同时，家庭承包制仍缺乏规模经营。农民平均每人承包几亩耕地，不可能产生规模效益。据测算，1990 年一亩土地一熟作物（小麦）可获纯利润 26.08 元。假如复种指数是 2（二熟制），每熟的利润相当，则一亩土地全年利润为 52.16 元。以人均承包 4 亩土地计算，则一个农民纯收入为 208.64 元。假如两熟中有一熟经济作物利润高出 4 倍，则一个农民纯收入为 26.08 元 ×（1 + 4）× 4 = 521.60 元。这样的收入水平仍然比较低，农民自身追加生产性投入的能力也极其微弱。

农业比较利益偏低、收入缓增长、缺乏规模经营，这些因素使越来越多的农民抛荒或敷衍农事，造成大量的低产田与抛荒田，降低了农业生产率。据调查，安徽滁县地区 1991 年弃耕抛荒户与土地，分别占农户与耕地总数的 1.3% 与 1.0%，1992 年迅速上升为 7.8% 与 3.2%，增加 2~4 倍（许伟等，1993）。据估计，1992 年的秋播，全国有 400 多万亩土地抛荒或半抛荒。这种体制性的失控是对土地资源的极大浪费。

在 20 世纪 90 年代初期还出现了另一个倾向，一些地方占用耕地栽果树、挖渔塘等，毁坏了基本农田，导致局部地区粮食面积急剧减少。这种随意调整农业结构的行为，也是一种孕育粮食等重要农产品总量下降的危机因素。这表明，农村家庭承包制原有的弱点——土地分散经营，已局部发展为分割经营。土地分割经营中对农业用地构成、播种面积构成的变更，其原动力来自承包制之外的产业报酬阶梯，来自农业比较利益的驱动功能。种植业利益高或不断上升，一方面有利于促进耕地面积绝对数量扩大，另一方面会推动耕地在整个农业用地中的比重的提高。反之，则会减少耕地面积的绝对数量，降低耕地在农业用地中所占的比重。实行包干到户的农民家庭，具有把农业用地构成与播种面积构成"私人化"的自发性倾向，乡村基层组织也具有放松行政性限制的适应性倾向。长此以往，个人家庭收益的增长必然要以支付更高的社会成本为代价。

农民负担加重是农村体制性失控的第三种表现。20世纪90年代初期，农民负担过重一度成为农村最突出的问题之一。虽然20世纪90年代上半叶，各级政府对此采取了一些切实减轻农民负担的措施，农民负担加重的势头已得到遏止，但农民负担中的不合理因素仍然存在。一是乡镇管理人员与开支膨胀，而导致乡统筹费增加或难减；二是村干部报酬与管理费标准提高，而导致村提留增加或挤占必要的费用；三是粮食等微利或无利经营活动承担传统性的重税，而用于工业与服务业等厚利产业的土地却承担较轻的农业税；四是向国家交售农产品过程中承受的剪刀差、农业生产资料补偿性政策的不到位而引起的转移性支付；五是"白条"等隐性负担。解决这些问题会遇到多种体制性约束。同时，许多地区存在一批"空壳村"，即使在经济较为发达的东部沿海地区，也有一些集体经济薄弱，无力为农民支付与分担某些费用的村。从而，农民不管自己收入多寡均须承担刚性的农业税、乡统筹费、村提留、劳务等负担。从某种意义上说，农民负担加重的原因主要在于乡村行政组织与社会发展。由于农民负担加重的问题需要在农村基层解决，而基层干部具有扩张自身利益的自发倾向，而后仍有继续出现与周期性反复的可能。

从上面分析看来，到了20世纪90年代中期，家庭承包制不能再发挥"助产士"的作用，它仍然给农民保持一种土地的束缚。已经专门从事非农产业的原农村劳动人口，也有一份承包地。维持这种"职业双重化"现象的理由有两条：一是为外出人员"留一条后路"，二是外出人员"也有要田的权利"。这在承包制初期，有一定的道理。但长此以往，会导致三种结果：一是非农职业稳定、收入较高者抛荒；二是务农人员难于形成规模经营；三是不利于劳动力市场的发展。由此可见，劳动力市场发展的重点是城镇非农劳动力市场，这一市场的发展，需要大量的农村劳动力，而这些农村劳动力必需具备两个条件：可以自由支配自己的劳动力，与土地没有产权关系。同时具备这两个条件的农村劳动力，才无后顾之忧与"退路"，才能真正进入城镇非农劳动力市场。

为此，促使农业劳动力剩余顺利转移的基本对策之一是：土地集中。为此，需要进行两项制度创新：一是建立土地使用权流转制度，为已经离农并有相当稳定的职业者割断"脐带"，即与土地没有产权关系。二是建立全民社会保障制度，替代原始的土地保障制度与单一的家庭保障传统。家庭承包土地的使用权通过市场进行有偿转让，可以每亩纯收入 3～5 倍金额为参数，买卖双方协商议定土地转让价格。乡、村社区组织充当中介，保证公平交易与土地向种田能手转移。鼓励农民"彻底转业"，把土地转让费投入企业成为股东。同时发放优惠货款，培养"职业农民"，建立与扩大家庭农场或合作农场，促成规模经营。世界各国农业现代化都是走的农场化道路。

促使农业劳动力剩余顺利转移的基本对策之二是：加强农业保护与投入。农业是社会效益大、经济效益比较低的产业，这是世界性的现象。为调动农业经营者的积极性，求得农业和工业的协调发展，很多国家，无论是发达的市场经济国家，还是新兴的市场经济国家和地区，都对农业实行保护政策，给予财政补贴。例如，20 世纪 90 年代上半叶，美国政府每年给农业经营者 2.2 万美元的补贴，欧共体为 1.3 万美元。日本对农户的补贴标准是使农民的劳动报酬与城市工人的平均工资保持大体一致。这些国家能够给农业经营者大额补贴，有两个条件：一是农业经营者数量少，只占到全社会劳动力总数的 3%～6%，因此，对农业的保护是"大部分人保护小部分人"。"大部分人"保护"小部分人"的经济利益，"小部分人"保证"大部分人"的吃饭问题。二是农业经营者自身经营的耕地多，收入水平与城镇相比不至太低，政府补贴得起。例如，20 世纪 90 年代上半叶，美国每个家庭农业经营耕地平均为 2 600 多亩，最多的达 2.4 万亩。欧共体多数国家的家庭农业经营耕地平均为 200 亩左右，最低的也有 60 多亩。日本个体户的平均耕地，都府县是 16 亩左右，北海道是 120 亩左右。我国当时的情况，一是农业经营者数量太多，二是经营的耕地面积太少，全国平均每户 6 亩多，沿海地区只有 4～5 亩。因此，中国现阶段不可能给农民经营者大额补贴。同时，解决农业投资不足的问题显然也是困难的。1986 年以后，我国连续几年对农业的投资比重仅占基本建设投资总额的 3%。据国外的经验，在人均国民生产总值从 300 美元向 1 200 美元过渡的国家，对农业的投资最低应在 10% 以上。由于受工业投资扩张的约束，当时国家与地方对农业的投资都不会大幅上升。大幅缩小工农产品剪刀差则是当时保护农业与增加农业投入可能性的有效途径。

农村第一步改革是实行家庭承包制，实质上是解放农村劳动力。到了 20 世纪 90 年代中期，家庭承包制的潜力已经用尽，第二步改革必须启动。第二步改革的目的，在于开放利用第一步改革解放出来的农村劳动力。美国经济学家舒尔茨（Shcultz, 1900）说过："当土地就本身而论不再是导致贫富的关键因素时，人力就成了关键性因素。"常常有人感叹中国人太多，农业劳动力剩余规模巨大。确实，人口过多是一种社会负担，但也应该看到，人口过多是一种资源，非常重要的活资源。我国农村人力资源存在两个突出的问题：一是闲置，二是文化素质过低。

20 世纪 90 年代中期，我国农村尚有 22% 的劳动力是文盲和半文盲，贫困地区的这一比例高达 30% 以上。劳动力素质太低是农村经济发展不快、后劲不足的主要原因。人力资源只有通过开发才能发挥更大的作用。开发人力资源有两条途径：

（1）投资。世界银行报告曾指出："东亚任何一个国家和地区，除非它具有下述三种特点，否则它就无法取得成功：外向的方针、宏观经济的稳定和对人力资源的投资。"其中，对人力资源的投资特别重要。传统农业经济活动的特点使投资的收益率极其低下，这是由农业技术落后与农民技能低下所引起的。农民贫穷的原因在于他们缺乏资本，即的现代物质资本与人力资本。农村人力资源的投资可分为两个层次：一是短期投资，即进行职业技术培训；二是长期投资，即发展普通教育。

（2）组织。贫困地区农村劳动力中部分具有手工技艺的人，没有充分发挥他们的才能，应把他们组织起来，再吸收一些文化素质较高的人，组成各种形式的联合体。经济较为发达的地区，应重视人才的培养与积聚。人才是人力资源中最宝贵的部分，人才集中可以激发积聚效应。这些工作需要县、乡、村三级行政组织牵头来做。

长期以来，农村人力资源的组织与配置主要由各个家庭自行负责。家庭自行配置人力资源带来双重结果，一方面农业劳动力剩余获得非农化的自由，另一方面造成分散性和规模不经济。为了克服家庭配置机制的弱点，农村人力资源的配置应逐步社会化。首先，培育社区对本地资源的协调配置机制。社区配置资源有利于发挥地区优势、加强社会化服务体系，但仍然具有一定的局限性。因此，要在家庭配置与社区配置的基础上，发展社会配置机制，即建立劳动力统一市场、社会服务机构与政府宏观调控机制。其次，利用回流效应，其是开发利用人力资源的重要途径。许多外出打工、经商的人已经具有多年的经验，人数已形成一定的规模。这部分人走南闯北，见过世面，头脑灵活，在外又有一定的社会关系；对于农村来说，就像出国留学人员一般，从他们中间挑选一些经验丰富的人充实到农村两级领导班子中去，或让他们创办乡镇企业，从而通过回流效应形成创业潮。

1.2.6　我国农业劳动力剩余的外溢机制（宋林飞，1996）

农业劳动力剩余的大量外溢，需要一些适当的载体来吸纳。在 20 世纪 90 年代中期，我国吸纳农业劳动力剩余的主要载体是乡镇企业。农民向非农产业投资与致富的热情推动了乡镇企业的发展，农民在自己的家园兴办工业，是不甘于贫穷落后而进行的自发行动。广大基层干部，把乡镇企业作为他们致富的重要途径。据统计，在 20 世纪 90 年代上半叶，农民平均收入中约 20% 来自乡镇企业，在乡镇企业发达的地区则占一半以上。

20 世纪 80 年代以来，中国农村工业化不断加速。1987 年，全国农业总产值在农村社会总产值中的比重第一次下降到 50% 以下。1992 年，全国农村工业产值在农村社会总产值中的比重第一次上升到 50% 以上，如表 1-2 所示。

表 1-2　中国农村社会总产值构成及其变化　　　　　（单位：%）

年份	农业	工业	建筑	运输	商饮
1980	68.9	19.5	6.5	1.6	3.5
1985	57.1	27.6	8.1	3.0	4.2
1986	53.1	31.5	7.8	3.3	4.3
1987	49.6	34.8	7.7	3.6	4.3
1988	46.8	38.1	7.1	3.5	4.5
1990	46.1	40.4	5.9	3.5	4.1
1991	42.9	43.5	6.0	3.5	4.1
1992	35.8	50.1	6.2	3.6	4.3

资料来源：《中国统计年鉴》（1993），中国统计出版社，第 333 页。

在全国工业高速增长中，领先指数为乡镇工业增长率。如果以 1978 年为基数，乡镇企业的工业产值每隔四年左右即翻一番。进入 20 世纪 90 年代后，城市工业与乡镇工业发展速度差距更为显著。1991 年，全国乡及乡以上工业产值增长 12.9%，其中乡办工业产值增长 25.5%。

1992 年，全国乡及乡以上工业产值增长 21.2%，其中乡办工业产值增长 52.2%。乡镇企业中的工业产值在全国工业总产值中的比重也不断升高，1978 年占 9.1%，1984 年为 16.3%，1989 年为 23.8%，1991 年为 30.8%，1992 年为 36.8%，已超过"三分天下"（《中国统计年鉴》(1993)，中国统计出版社，第 396、412 页）。乡镇工业的高速或中速发展，意味着为农业劳动力剩余创造了大量新的就业机会，并具有较强的降低就业压力的作用。乡镇企业目前已吸收 1 亿农村劳动力剩余。高速区出现了两种农村工业化模式：一是集体模式，二是个体模式。集体模式以苏南模式为代表，个体模式以温州模式为代表。个体模式能满足个人利益最大化的追求，最能调动个人的积极性，因而有力地推动了个体工商业与私营工商业的发展。缺点是原始积累特征显著，雇工的利益保障水平低。集体模式主要是由社区组织的工业化冲动所形成的。农村实行包干到户以后，乡村社区组织不再直接指挥农业生产，但不是所有社区组织的经济功能均弱化，有些社区组织在创办工业与其他非农产业的过程中，仍然保持着强大的力量。在 20 世纪 80 年代中期到 20 世纪 90 年代中期的近十多年来，像江苏省南部的苏、锡、常地区的农村社区组织，把主要精力转向了二三产业，即经济功能发生了转移，而没有出现经济功能弱化以至社区组织松弛乏力的现象。

为什么会出现这种现象？下面对劳动力剩余的转移空间进行展开分析。

乡村社区组织的工业化冲动，来自如下四种社区目标。

（1）安排就业，为本社区劳动力剩余提供机会。

（2）增加收入，提高本社区群众生活水平。

（3）开辟财源，增加地方财政收入。

（4）提高总产值，尽快"翻两番"。

第一、第二个目标，是与社区成员个人与家庭的目标重叠的。因而，社区组织的工业化冲动受到社区成员的普遍欢迎与支持。第三、第四个目标，是社区组织工业化冲动的内在动力。据调查，1985 年无锡县样本乡财政收入，来自上级财政拨款的部分只占财政总收入的 12.8%，而来自乡镇企业利润上缴的部分占财政总收入的 70.8%。无锡县每个乡每年从乡镇企业提取的行政费用和各种社会福利支出一般在 150 万元左右。为了弥补上级政府定额补贴的不足，以及满足社区综合发展的需要，增加地方财政收入就成为社区组织创办与发展乡镇企业的重要动机。

集体模式一直受到肯定以至过分的赞扬。其实，也应看到它的缺陷。以苏州市乡镇企业为例，有如下问题：①投资膨胀。1987 年苏州市购置了 170 多条乳胶手套生产线，损失达三亿元。②积累水平低。全市乡镇企业自有流动资金一直徘徊在 10% 左右。③负担过重。各种有红头文件的摊派达 80 多项，约占企业全年结算利润的 50% 以上。④效益低下。全市乡镇企业每百元产品销售平均利润只有 2 元~3 元，全部资金利润率只有 4% 左右。这些弊端的症结在于产权模糊、政企不分（张佳龙等，1993）。

1.2.7　我国农村劳动力剩余转移空间分析（高双，2010）

我国农村劳动力剩余转移空间是影响农村劳动力剩余转移的重要因素，由于我国对农村劳动力剩余的吸纳主要来自城镇和农村两个方向，所以从城镇和农村两个方面来对农村劳动力剩余转移空间进行分析。

一、转移空间分析

（一）城镇的转移空间

城镇一直以来是吸收农村劳动力剩余的重要场所，如表 1 - 3 所示。

表 1 - 3　1998—2007 年我国城镇单位使用农村劳动力数量变化状况　（单位：万人）

年份	城镇单位使用农村劳动力数量
1998	913.10
1999	928.80
2000	897.00
2001	903.88
2002	1 002.35
2003	1 143.18
2004	1 318.60
2005	1 523.11
2006	1 735.28
2007	1 900.06

数据来源：《中国劳动统计年鉴》，中国统计出版社，国家统计局人口和社会科技统计司，劳动和社会保障部规划财务司编。

城镇企业的发展为农村劳动力剩余的转移就业提供了大量机会。从表1－3所列数据显示，2007 年城镇单位使用农村劳动力数达到 1 900.06 万人，为我国农村劳动力剩余转移提供了巨大的转移空间。据表1－3，绘制出图1－1。

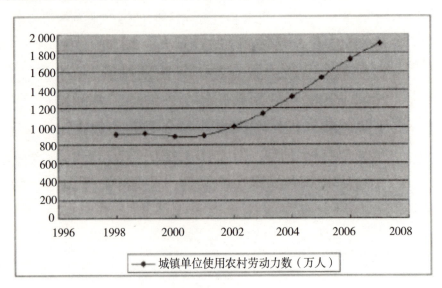

图 1－1 1998—2007 年我国城镇单位使用农村劳动力变化状况

从 1998—2007 年城镇单位使用农村劳动力数的变化趋势上看，除了 2000 年我国城镇单位使用农村劳动力数出现负增长以外，其他年份我国城镇单位使用农村劳动力数都是在不断上升的。特别是从 2002 年开始，城镇单位使用农村劳动力数增加较快，平均每年增加 150 万人以上，2002 年增长速度超过 10%，2004 年达到 15% 以上。但从 2005 年开始我国城镇单位使用农村劳动力数量增长速度开始有所下降，从 15.5% 下降到 9.5%。可见，我国城镇的农村劳动力剩余转移空间是在不断扩大的。

（二）农村的转移空间

一直以来，我国农村劳动力剩余的转移都是以就地、就近转移为主要方式的，如表1－4所示。因此，农村非农产业对于劳动力剩余的吸收一直处于主体地位。表1－4所列数据显示，2005 年，我国农村非农劳动力数量已经超过 2 亿人。根据表1－4，绘制出图1－2。

从 1994—2005 年我国农村非农劳动力数量的变化趋势来看，其一直呈不断上升趋势。1994—1999 年，农村非农劳动力数量增长速度较慢，涨幅较小，而从 2000 年开始，农村非农劳动力数量迅速增加，平均每年增长超过 1 000

万人。可见，我国农村的转移空间也在不断扩大，农村非农行业的发展为我国农村劳动力剩余的转移就业做出了巨大贡献。

从上述分析可见，我国无论是城市还是农村，其农村劳动力剩余的转移空间都在不断快速加大，但从居高不下的农村劳动力剩余数量也可以看出，我国农村劳动力剩余转移任务仍然非常艰巨。

表 1-4　1994—2005 年我国农村非农劳动力数量变化状况　　（单位：万人）

年份	农村非农劳动力数量
1994	11 963.8
1995	12 707.3
1996	13 027.6
1997	13 526.8
1998	13 805.8
1999	13 984.7
2000	15 164.6
2001	15 777.9
2002	16 536.3
2003	17 711.4
2004	19 099.3
2005	20 411.8

数据来源：《中国统计年鉴》，中国统计出版社，中华人民共和国国家统计局编。

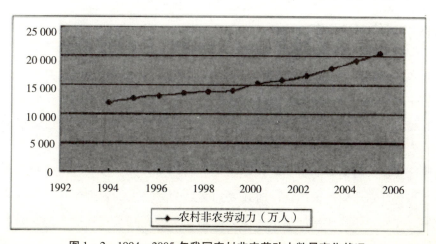

图 1-2　1994—2005 年我国农村非农劳动力数量变化状况

二、农村劳动力剩余转移空间的拓展

（一）加快城市化进程

城市的发展为我国农村劳动力剩余的转移带来了大量的就业机会，尽管我国城市化进程在不断加快，但同发达国家相比，我国城市化水平仍然较低，因此我国城市在吸纳农村劳动力剩余方面还有着很大的潜力，特别是我国内陆欠发达地区，具有辐射力的大城市数量还比较少，小城镇建设也还比较落后。对此，要加大政府投资力度，加快城镇建设，在扩大大中城市的数量、增加其辐射力的同时，还要大力发展小城镇，而且在不断促进城镇数量增加的同时，要更加注重提高城镇的发展质量，使城镇基础设施水平与城镇化进程相适应，从而增强城镇对农村劳动力剩余的拉力，加快农村劳动力剩余向城镇的转移。

（二）促进农业产业化

农业产业化是农业发展的必然要求，它不仅有利于农民收入水平的提高，还有利于促进农村劳动力剩余的转移。农业产业化拉长了产业链条，创造了大量的就业机会，从而扩宽了农村劳动力剩余的转移空间，增强了农村内部自身消化吸收劳动力剩余的能力。因此，应采取有效措施，促进我国农业产业化的快速发展，加快农业内部结构的调整，改变农村劳动力主要集中在种植业的局面，促进农、林、牧、副、渔协调发展，使劳动力向其他行业分流。而且，还要利用地区资源优势，选择具有生产优势的农产品，努力发展深加工，并建立支柱产业，同时加大先进技术设备在生产过程中的应用，促进产品质量的不断提高。此外，要在资金、政策、技术等发面大力扶植龙头产业，使其充分发挥带头作用，从而促进农业产业化的整体发展，为农村劳动力剩余的农村内部转移拓展空间。

（三）推进劳务输出产业化

劳务输出是异地转移的重要方式，在转移农村劳动力剩余方面发挥了重要的作用，特别是在我国中、西部地区农村劳动力剩余转移上效果显著。然而，我国在劳务输出方面起步较晚，与印度、菲律宾等国相比，还有很大差距。因此，为了拓展劳动力转移空间，应该充分利用劳动力资源优势，根据不同输入地对劳动力的不同需求，制定劳务输出计划，促进农村劳动力剩余有组织有计划地向外输出，同时还要加强对劳务输出的管理工作，保证其规范性。此外，还要注意加强对劳动力的培训，提高其文化技能水平，提高劳务输出的质量。

（四）大力发展第三产业

第三产业是吸纳劳动力最多的产业，而且对劳动力素质要求也相对较低，因此，第三产业成为农村劳动力剩余转移就业的主要集中产业，其发展水平对农村劳动力剩余转移有着非常重要的影响。改革开放以来，虽然我国第三产业得到了迅速发展，吸纳了大量从农业转移出来的剩余劳动力，但同发达国家相比，我国第三产业还有着很大的发展空间，因此，我们要加强基础设施建设，优化投资环境，利用资源优势，促进第三产业的发展，同时还要转变就业观念，鼓励劳动力在第三产业就业，从而促进第三产业的蓬勃发展，为农村劳动力剩余转移提供更广阔的空间。

三、实现农村劳动力剩余的有效转移（成丽丽，2006）

农村劳动力剩余向非农产业转移是经济发展的一个必然规律。从世界各国的发展历史看，它是一个渐进的过程。美国从和我们大致相同的城镇化水平到基本解决这一问题用了 40 年时间，日本用了大约 30 年时间。我们要彻底解决这一经济发展中的难题，也需要一段较长时期的努力。为实现农村劳动力剩余的有效转移，除了拓展转移空间，搞好小城镇建设，提高城镇化水平外，还应当做到以下四点：

（1）逐步建立城乡平等就业制度。

基本思路是加快户籍制度改革，逐步剥离依附在户籍制度上的就业权、居住权、教育权、社会参与权、社会保障权、医疗服务权和公共设施使用权与福利服务权。当前，要重点开展农村劳动力平等就业试点，鼓励各地积极探索农民工在就业准入制度、劳动福利、工资报酬、工作时间、社会保障、子女就学等方面享受与城镇居民同等的待遇，积极探索建立城乡平等就业制度的途径和渠道，为最终统一全国劳动力市场创造条件。

从长期看，要在农村劳动力转移就业的市场准入、政府投入、劳动保护、社会保障、运行机制、管理体制等各个方面进行改革和实践，消除农村劳动力剩余转移就业的体制性障碍，探索建立全国统一、开放、竞争、有序的劳动力市场，促进农村劳动力有序转移和城乡经济的协调发展。

（2）使城乡之间受教育的程度趋于一致。

加大农村教育方面的投资，增加农村人口受教育的机会。另外应该提高农村劳动力素质和就业技能，以受训农民转移就业为目标，开展农村劳动力转移前的职业培训。对农民进行培训是世界通行的做法，世界银行研究显示，劳动者平均受教育的时间每增加 1 年，GDP 就会增加 9%。为了使农村劳动力的科技文化素质总体上与我国现代化发展水平相适应，应急的办法是通过各种方式培训农村劳动力，使他们都掌握一技之长，尽快由农民转为产业工人，使他们能够得到合适的工作，富裕起来。

（3）促使农地制度创新。

农民鉴于非农就业机会的不稳定性，把土地作为最后的生存保障。所以要建立一种农地使用权流转的制度，促使土地向种田能手集中，以进行农业规模经营。在非农产业发达、农村劳动力大量转移的农村，应在自愿的基础上通过转包、转让、联合服务等办法允许土地经营权的依法有偿转让（陆学艺，2002），也可以考虑以土地的使用权作为合作资本，让那些已转移的劳动力利用承包期内的土地使用权、经营权同种田能手合作，并取得合理补偿。

（4）打破封锁，建立和完善城乡一体的劳动力流动市场。

实行城乡统筹的劳动力就业管理体制，科学、规范地建立劳动力市场管理机构，并建立健全到达乡镇的劳动力市场信息网络，为外来和本地农村劳动力提供就业、培训、代理等服务。改变目前农村劳动力自发松散的劳务输出形式，发展劳动力市场中介组织，提供信息服务，增强市场透明度，降低供需双方的交易成本。建立地区间劳务协作和交流，开展各种劳务交流活动，要重点定期对农村劳动力就业流动信息进行交流（李强，2004）。积极推进劳务输出产业化建设，逐步实现市场化运作、一体化服务的劳动力转移管理模式，在扩大劳动力输出规模的同时，提高输出效益和质量。

第2章 古典经济学理论框架下的 农业劳动力剩余

§2.1 古典经济学理论框架下农业劳动力剩余的概念

在提出国民生产总值这一概念之前，经济学家在占有各方面统计数字进行研究工作之前的长时间中，就已经认识到了工业和农业之间关系的重要性。为了更好地理解这一关系的性质，他们开始设计出简单的模型，以解释工业和农业之间的重要联系。在较早的模型中，都是在古典经济学原理的框架下，对经济三要素进行假设：土地和资本是相对稀缺的，而劳动是无限供给的。最为著名的是大卫·李嘉图在《政治经济学及赋税原理》（1817 年）中提出的模型。这个模型包含了两个基本假设：第一，农业部门中存在着收益递减，即投入按既定水平增长，将导致产出增长的不断下降。原因是耕种农作物需要的土地是有限的，为了增加生产，农民不得不转向更加贫瘠的土地，于是单位农作物的生产成本将越来越高。第二，提出了今天被人们称为"劳动力剩余"的概念。英国在 19 世纪初仍然存在着大量的农业劳动力，大卫·李嘉图认为，农业部门存在劳动力剩余，工业部门可以从农业部门吸收这些剩余的劳动力，而不会造成城市和农村地区工资的上涨。

劳动力剩余的概念与农村失业和就业不足或隐性失业的概念相关。农村失业与城市失业的概念极为相似，当人们愿意工作并且积极寻找工作却找不到工作时，便称他（她）们失业了。在发展中国家的农村地区中，只有极少数人属于这种严格意义下的失业，大多数农村人口有活干，但那些活不是很有生产价值。在许多情况下，没有足够的有生产价值的工作可以使全部农村劳动力整天有活干，经济学家称这种现象为就业不足或隐性失业，因为农村劳动力中一部分成员转移出去而农业生产却不会下降，留下的人员可以从不足全天工作变成全天工作。在这种意义下，从农村转移出去的这一部分农村劳动力，就是农业部门的劳动力剩余。

两部门劳动力剩余模型的表述，最初是由刘易斯推导出来的（Lewis，1955），是直接针对发展中国家收入分配方面的基本理论。刘易斯两部门劳动力剩余模型假设"劳动力数量供给是无限的"，这是因为发展中国家在发展早期阶段，属于二元经济。刘易斯假设，分别在农业部门和工业部门内部，工资无差异；但两部门之间的工资差异达30%。工业部门将以略高于农业部门的工资吸纳农业部门剩余的劳动力，随着经济的继续发展，农业部门剩余的劳动力将会全部转移到工业部门。此后，经济再发展，由于工业部门的工资比农业部门的工资高，工业部门将继续吸引农业部门的劳动力，这时农业部门的工资将上涨，以留住劳动力。随着经济的持续发展，两部门工资将趋同一致，二元经济才会消失。

§2.2 古典经济学理论框架下的农业劳动力剩余模型：现代两部门劳动力剩余模型

美国经济学家刘易斯在1954年首次提出两部门（二元）模型，用来解释工业部门的扩张和农村（农业部门）劳动力剩余的转移问题，后来经费景汉、拉尼斯等学者的补充和完善，最终成为解释发展中国家劳动力剩余理论、农业劳动力剩余转移的经典学说，人们称为现代两部门劳动力剩余模型。这个模型属于在古典经济学理论框架下，并在"资本与土地是稀缺的，劳动供给是无限的"的基本假设下的模型。

2.2.1 农业部门的生产函数

根据第一个基本假设，农业收益递减。用生产函数表示，就是劳动的边际产出下降，农业部门的生产函数曲线向上凸起。如图2-1所示。

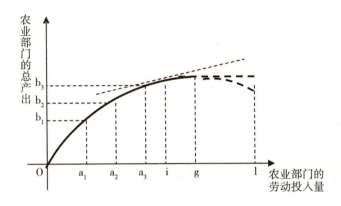

图 2 - 1　农业部门的生产函数

图 2 - 1 中，l 为劳动总量，若农业部门的劳动投入量从 a_1 增加到 a_2 和从 a_2 增加到 a_3 为等量增加，但后者引起的产出增加量（$b_3 - b_2$）比前者引起的产出增加量（$b_2 - b_1$）少。当农业部门的劳动投入量达到或超过 g 时，劳动的边际产出为零或为负。

2.2.2　工业部门的劳动供给与劳动市场

在农业部门存在劳动力剩余的情况下，费约翰 - 拉尼斯模型假设，农业部门的工资不会降至家庭部门中农业劳动力的平均产出水平之下。因为，若在相反的情况下，劳动力决不会离开家庭部门外出工作。实际上，从大卫·李嘉图以来，所有劳动力剩余模型中，都采用了这样的假设：农业部门的工资，不会降至最低水平（某一固定收入水平）之下。为得出工业部门的劳动供给，横坐标设定为劳动总量减去农业部门的劳动投入量，即为工业部门的劳动投入量，如图 2 - 2 所示。

图 2 - 2 中，O 点处表示全部劳动都投入到农业部门了，工业部门的劳动投入量为零，而 l 点处则表示农业部门的劳动投入量为零，劳动全部投入到工业部门了，这是两个极端的情形。h 表示工资的最低水平。在完全竞争市场中，劳动工资等于劳动的边际产出。若 h 恰恰等于图 2 - 1 中 i 点对应的劳动的边际产出，则图 2 - 2 中的 i'恰恰等于图 2 - 1 中的（l - i）。于是根据上面的假设可知，图 2 - 2 中的曲线 hh'j 就是工业部门的劳动供给曲线，在 h'点之前，具有完全弹性。

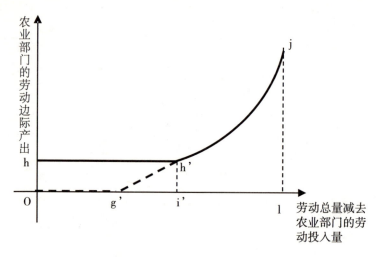

图 2-2　工业部门的劳动供给

显然,将图 2-2 中的纵坐标换为工资,便可得到工业部门的劳动市场均衡图,如图 2-3 所示。

图 2-3 中,工业部门的劳动需求曲线由工业部门的生产函数导出,显然劳动的需求量随着工资的上升而下降;工业部门的劳动供给曲线由图 2-2 得出,不过这里的 k 值略高于图 2-2 中的 h 值,这是为了吸引农业部门剩余的劳动力。

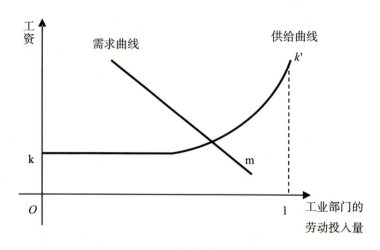

图 2-3　工业部门的劳动市场

2.2.3　现代两部门劳动力剩余模型

将图 2 - 1 略加改变，与图 2 - 2 和图 2 - 3 合并，即得现代两部门劳动力剩余模型，如图 2 - 4 所示。

图 2 - 4 中，l 为劳动总量，O 点表示全部劳动都投入到农业部门了，工业部门的劳动投入量为零，而 l 点则表示农业部门劳动投入量为零，劳动全部投入到工业部门了。

图 2 - 4 (1) 说明，如果一个发展中国家开始只有传统的经济部门——农业部门，全部劳动力都投入在农业部门，处在图中原点处。说明 g' 是农业部门的劳动力剩余，其全部转移到新型经济部门——工业部门后，农业总产出量丝毫不会减少。当工业部门给出的工资 k（见图 2 - 4 (3) 和 (2)）略高于最低工资水平 h（见图 2 - 4 (2)），就足以实现使农业部门的劳动力剩余全部转移到工业部门，只要工业部门对劳动力有足够的需求（见图 2 - 4 (3)），工业部门对劳动的需求曲线达到 m_1，或者还在其右侧）。这里的 k 恰恰等于农业部门劳动投入量为（l - g''）时的劳动边际产出（见图 2 - 4 (2)）。

如果该发展中国家工业不断增长，工业部门对劳动力的需求不断增加，需求曲线为 m_2，位于 m_1 的右侧，见图 2 - 4 (3)。在 L_1 点，农业部门的劳动力剩余达到枯竭，由于 k 略高于 h，农业部门的劳动力仍然继续向工业部门转移直到 L_2 点。如果工业部门对劳动力的需求还在不断增加，则工业部门要吸引农业部门的劳动力就必须支付更高的工资才有可能，所以从 L_2 点以后，工业部门与农业部门的贸易条件将转变得有利于农业部门而不利于工业部门，工业部门工资将快速上扬（见图 2 - 4 (3)）；农业部门总产出将下降（见图 2 - 4 (1)），农业部门的劳动边际产出将上扬（见图 2 - 4 (2)）。若继续下去，两部门经济将逐渐消失。

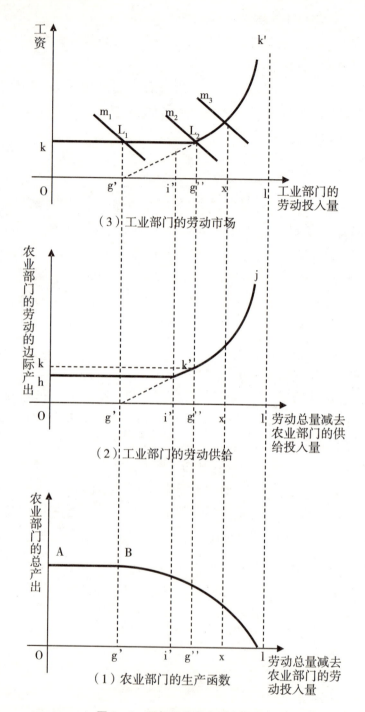

（3）工业部门的劳动市场

（2）工业部门的劳动供给

（1）农业部门的生产函数

图 2-4　两部门劳动力剩余模型

在农业部门劳动力剩余枯竭的 L_1 点（见图 2 – 4（3）），常常称为刘易斯第一转折点或刘易斯第一拐点，在迫使工业部门工资明显上扬的 L_2 点（见图 2 – 4（3）），常常称为刘易斯第二转折点或刘易斯第二拐点。发展中国家的劳动力供给要经历的这两个特殊意义的转折点，实际上是经济结构变革。当经济发展到刘易斯第一转折点阶段时，农产品开始出现短缺，受农业部门劳动力工资上涨的影响，工业部门（从严格意义上说是现代部门，因为还有服务部门等）工资也开始上涨，农村劳动力剩余不再具有无限弹性，劳动力资源逐渐变得稀缺；在刘易斯第二转折点时，农业部门和工业部门（现代部门）的边际产出相等，两部门工资相同。刘易斯本人在后期特别强调，具有决定意义的转折点不是第一个，而是第二个，正是从这里，便超过边界进入新古典主义体系，二元经济转化为一元经济（Lewis，1972）。

§2.3　古典经济学理论框架下农业劳动力剩余的估计与测算

按照古典经济学原理，土地和资本是相对稀缺的，而劳动力是无限供给的。刘易斯指出，如果从传统部门（农业部门）中抽出一定数量的劳动力，没有降低农业总产出，那么这部分劳动力就是农业劳动力剩余（刘易斯，1989）。从技术层面上看，就是指边际生产力为零的那部分劳动力。

测算农业劳动力剩余的数量采用公式：

农业劳动力剩余 = 农业劳动力总量 – 农业必要劳动力数量　　　　　(2.1)

在考虑到农业生产技术水平和管理水平时，测算农业必要劳动力数量有两种不同的方法：第一种是按现有的农业生产技术水平和管理水平测算农业必要劳动力数量，这种计算方法的前提是农业生产技术水平和管理水平没有改变，如果将这类劳动力剩余转移到工业部门，农业生产将基本上不受影响。第二种是在采用较先进的农业生产和管理技术的条件下测算农业必要劳动力数量，由于农业生产函数中资本与劳动具有可替代性，显然农业必要劳动力取决于采用先进的科学技术的程度，取决于农业占用的资本数量。因此，如果不进行相应的投资，而把这些农业劳动力剩余转移出去，农业生产就会下降。由于这种测算方法得到的农业劳动力剩余的可变因素太多，对了解当前的劳动力剩余意义较小，因此，主要还是采用第一种测算方法，即在当前的农业生产技术水平和管理水平条件下测算农业必要劳动力数量，得出农业劳动力剩余。

自20世纪80年代初以来，中国农业部门（农村）劳动力剩余问题受到了学者们的广泛关注，农业劳动力剩余数量的测算问题自20世纪80年代中期以来已经成为一个主要的关注点。学者们研究出了种种测算方法，但据此测算出来的农业劳动力剩余数量却相去甚远。除了概念界定进而测算范围以及所采用数据等方面的差异外，测算方法大相径庭无疑是造成这种现象的主要原因。本节主要结合中国的实际介绍几种在古典经济学理论框架下的农业劳动力剩余的估计与测算的方法，并适当举例说明。注意，因"农业必要劳动力数量"难以测算，故将公式（2.1）改写为：

$$农业劳动力剩余 = 农业劳动力数量 \times \left(1 - \frac{农业必要劳动力数量}{农业劳动力总量}\right)$$

上述公式中 $\frac{农业必要劳动力数量}{农业劳动力总量}$ 称为农业劳动力需要率，"1 - 农业劳动力需要率"称为农业劳动力剩余率，即

$$农业劳动力需要率 = \frac{农业必要劳动力数量}{农业劳动力总量}$$

$$农业劳动力剩余率 = 1 - 农业劳动力需要率$$

从而，得公式：

$$农业劳动力剩余 = 农业劳动力数量 \times 农业劳动力剩余率 \qquad (2.2)$$

下面的方法基本上都是基于公式（2.2），重点在于估算农业劳动力剩余率。

2.3.1 农业劳动力年均工作日数计算法及案例（王检贵等，2005）

一、计算公式

假定农业部门生产函数为：

$$Y = F(T, K, D, A)$$

其中分别是投入的标准劳动工日数（T）、投入的资本（K）、土地（D）、技术水平（A）。则在最大农业产出下，所需投入的年劳动工作日总数是：

$$T = F^{-1}(Y_0, K, D, A)$$

将 T 按现有的农业劳动力总量 L 所分摊，则每个劳动力的年均工日数 t 满足：

$$t = \frac{T}{L} \qquad (2.3)$$

它反应了农业劳动力的实际工作负荷，但这里要先确定农业劳动力的合理工作负荷，即合理的年均工作日数。对工业部门来说，年标准工作日是251天，它形成了对农业部门标准工作日数的参考。对农业部门而言，理论界较为一致的意见是，农民的合理工作负荷确定在年均270个工作日是较为合适的（许伟等，1993）。除了270个工作日外，部分学者认为农民的工作负荷可以确定为300个工作日。由于农业生产季节性很强，在中国普遍存在"半年辛苦半年闲"的情况；而且除了农业生产外，农民家庭一般还从事少量副业（如养鸡等），另外，还要抽时间放牛、做家务等，因此不宜将从事农业生产的工作负荷定得过高。对于既定的年劳动工作日需求总量，可以根据上述标准确定农业部门的劳动力需求量：

$$L_0 = \frac{T}{270} \tag{2.4}$$

由公式（2.3）和公式（2.4）得农业部门的劳动力需求量与供给量之比为 $\frac{L_0}{L} = \frac{t}{270}$，从而可得：

$$农业劳动力剩余率 = \frac{L - L_0}{L} = 1 - \frac{t}{270} \tag{2.5}$$

$$农业劳动力剩余 = \left(1 - \frac{t}{270}\right)L \tag{2.6}$$

这样，不需要知道农业总产出、耕作面积、牲畜饲养量、每亩（畜）所需工作日数以及总工作日需求数等信息，只需知道每个农业劳动力的年均工作日数的劳动负荷 t，就可确定农业劳动力剩余率及剩余量。

二、案例

根据农业部农村经济研究中心在全国农村固定观察点调查系统对全国31个省、自治区、直辖市所属320个市县的2.2万多个农村家庭的调查数据，可以得到不同收入组农户的农村劳动力年均投入工作日数，如表2-1所示：

表2-1　不同收入组农户的农村劳动力年均投入工作日数

组内农户人均年收入（元）	691.95	1 344.34	1 927.54	2 801.00	6 582.93
劳动力年均工作日（日）	187.02	205.70	220.75	240.37	267.74

资料来源：2000年农业部农村经济研究中心全国农村固定观察点调查系统调查数据。

一般而言，农户家庭的年均投工情况与农业从业人员的投工情况是大致相同的，因此，表2-1数据也反映了不同收入情况下对应的农业从业人员的工作负荷。对于收入水平高的地区，一方面，非农业部门一般也较为发达，农业劳动力更容易转移，使农业从业人员大为减少；另一方面，农业收入的高水平也会提供更多的激励，使农户投入更多的劳动。所以，人均收入水平本身就能反映出农业劳动力年投工数，从而间接反映出劳动力剩余水平，如表2-2所示。

表2-2　分地区农业劳动力的年投工数、劳动力剩余率和剩余量

	人均年收入（元）	年均工作日数	剩余率	权数（%）	劳动力剩余（万人）		人均年收入（元）	年均工作日数	剩余率	权数（%）	劳动力剩余（万人）
北京	5 491.72	259.84	0.038	0.0	2.5	江西	2 409.34	231.57	0.142	0.4	140.7
天津	4 476.48	252.50	0.065	0.0	5.3	河南	2 191.84	226.68	0.160	1.7	534.6
上海	6 523.45	267.50	0.009	0.0	0.7	湖北	2 506.43	233.97	0.133	0.5	152.7
河北	2 797.43	240.00	0.111	0.6	185.6	湖南	2 483.21	233.23	0.136	0.9	274.7
辽宁	2 876.90	240.92	0.108	0.2	75.0	广西	2 053.44	223.57	0.172	0.8	267.7
江苏	4 156.14	250.18	0.073	0.3	91.8	重庆	2 171.13	226.21	0.162	0.4	132.4
浙江	5 283.37	258.33	0.043	0.1	37.9	四川	2 186.14	226.55	0.161	1.2	290.5
福建	3 660.68	246.59	0.087	0.2	64.7	贵州	1 533.98	210.60	0.220	0.9	292.0
山东	3 088.72	242.45	0.102	0.7	232.3	云南	1 663.84	213.94	0.208	1.1	354.9
广东	3 975.08	248.87	0.078	0.4	122.1	西藏	1 657.61	213.78	0.208	0.1	17.7
海南	2 537.31	234.44	0.132	0.1	27.7	陕西	1 642.80	213.40	0.210	0.7	208.9
山西	2 254.09	228.08	0.155	0.3	101.0	甘肃	1 640.25	213.33	0.210	0.5	161.6
内蒙古	2 223.19	227.38	0.158	0.3	86.6	青海	1 758.95	216.39	0.199	0.1	27.3
吉林	2 480.79	233.17	0.136	0.2	71.4	宁夏	2 003.24	222.44	0.176	0.1	26.5
黑龙江	2 459.75	232.70	0.138	0.4	114.3	新疆	2 064.89	223.83	0.171	0.2	67.9
安徽	2 085.76	224.30	0.169	1.0	317.4	合计				14.4	4 586.6

注：人均年收入折算成2000年水平，平减指数为1.02，各地的工作日数的计算采用插值法。

将 2003 年全国 31 个省、自治区、直辖市的农村家庭人均收入折算成 2000 年水平，对比上表，可以得到各省的农业人员年均投工数及剩余比例，再以各省农业人员占全国的比重为权，可以测算出全国的平均水平。计算结果在表 2 – 2 中。

表 2 – 2 清楚地显示，2003 年中国农业劳动力剩余率约为 14.4%，全国农业劳动力剩余约为 4 586.6 万人。分地区看，农业劳动力剩余主要集中在中西部地区，其中中部地区劳动力剩余率为 15.1%，劳动力剩余为 1 794 万人；西部地区劳动力剩余率为 18.8%，劳动力剩余为 1 947 万人。东部地区劳动力剩余率为 8.9%，比西部地区低出约 10 个百分点，劳动力剩余仅为 846 万人；特别是京津沪苏浙粤闽等发达省市，如果不加大农业投入，改进农业生产技术，那么农业劳动力剩余即将消失。

2.3.2　劳动—耕地比例计算法及案例（胡鞍钢，1997）

一、计算公式

中国农业劳动力剩余存在的主要形式，不仅仅是劳动的边际生产力为零的那部分劳动力，还包括劳动的边际生产力虽不为零但却不能生产出糊口的工资，更无法提供剩余产品的那部分劳动力。换言之，农业中这部分劳动力属于剩余，这部分劳动力的边际产出按其边际生产力来看，还不够提供养活自己（包括其繁衍后代）的需要。这是理论分析的假定，在现实中，很难找到对农业总产出一点不都产生影响的边际劳动生产力为零的劳动力。特别是在小农经济制度下，通过大量的密集劳动投入，精耕细作，精心管理，总会比粗放经营条件下获得更高的土地产出率，"人勤地不懒"正是对我国土地生产力不断提高的真实写照。问题在于，大量劳动投入超过一定限度之后，必然带来边际产出率的下降，最终使边际劳动产出不足以抵偿劳动者个人的消费需求。

从理论上说，首先需要确定在既定的生产力水平下能够带来剩余农产品的农业劳动者人数（即农业必要劳动力数量）与土地资源的比例，这个比例称为农业有效劳动使用率，即：

$$农业有效劳动使用率 \equiv \frac{带来剩余农产品的农业劳动者人数}{土地资源}$$

这里，"$\equiv$"为定义符号，即右端式为左端概念的定义式，下同。

实际存在的劳动者人数（即农业劳动力总数）与土地资源的比例，称为农业实际劳动使用率，即：

$$农业实际劳动使用率 \equiv \frac{实际存在的农业劳动者人数}{土地资源}$$

然后再将这两个使用率进行比较，若农业有效劳动使用率大于农业实际劳动使用率，就说明全部劳动力都具有生产性，即都能够提供剩余农产品；若农业有效劳动使用率小于农业实际劳动使用率，则说明存在着一定数量的劳动力剩余；若农业有效劳动使用率等于农业实际劳动使用率，则说明劳动力使用处于均衡状态。即：

$$若 \frac{带来剩余农产品的农业劳动者人数}{土地资源} > \frac{实际存在的农业劳动者人数}{土地资源}，则$$

说明不存在农业劳动力剩余，全部农业劳动都具有生产性；

$$若 \frac{带来剩余农产品的农业劳动者人数}{土地资源} < \frac{实际存在的农业劳动者人数}{土地资源}，则$$

说明存在农业劳动力剩余；

$$若 \frac{带来剩余农产品的农业劳动者人数}{土地资源} = \frac{实际存在的农业劳动者人数}{土地资源}，则$$

说明农业劳动力使用处于均衡状态。

$$若称 \frac{农业有效劳动使用率}{农业实际劳动使用率} 为农业生产性劳动系数，于是$$

$$1 - \frac{农业有效劳动使用率}{农业实际劳动使用率} 就是农业劳动力剩余率，即：$$

$$农业生产性劳动系数 \equiv \frac{农业有效劳动使用率}{农业实际劳动使用率}$$

$$农业劳动力剩余率 = 1 - \frac{农业有效劳动使用率}{农业实际劳动使用率}$$

这是因为：

$$1 - \frac{农业有效劳动使用率}{农业实际劳动使用率} = \frac{实际存在的农业劳动者人数 - 带来剩余农产品的农业劳动者人数}{实际存在的农业劳动者人数}$$

所以：

农业劳动力剩余 = 实际存在的农业劳动者人数 × 农业劳动力剩余率

即：

$$农业劳动力剩余 = 实际存在的农业劳动力人数 \times \left(1 - \frac{农业有效劳动使用率}{农业实际劳动使用率}\right) \tag{2.7}$$

例如，若现有农业生产部门实际使用的劳动力为每亩地 150 人，即农业实际劳动使用率 =150。但每亩地有效劳动力仅为 100 人，即农业有效劳动使用率 =100，则农业生产性劳动系数 $=\dfrac{100}{150}\approx0.667$。于是农业劳动力剩余率 = 1 − 0.667 = 0.333，即为 33.3%。

二、案例

上述农业劳动力剩余率的测定方式，仅仅是理论上的。实际上，农业有效劳动使用率 R 的值很难确定，尤其是在家家种地、人人耕田的小农经济制度下，根本无法区分哪一部分劳动力边际产出大于自身消费，哪一部分劳动力的边际产出小于自身消费。所以，在实际计算中，要采取变通方式。针对我国实际，假定直到 1957 年以前全部农业劳动力都具有生产性，即不存在劳动力剩余。自 1957 年之后，土地生产率的提高主要是靠节省劳动的现代物质资本要素大量投入取得的，因此，可以认为 1957 年后的新增农业劳动力都是非生产性的。所以，以 1957 年亩均农业劳动力数量作为农业有效劳动使用率，然后根据农业有效劳动使用率计算各年的农业实际劳动使用率，再计算农业生产性劳动系数和计算农业劳动力剩余率，最后计算农业劳动力剩余。

表 2-3　中国农业劳动力剩余估计 (1957—1995 年)

年份	农作物播种面积（万亩）	农业劳动力总数（万人）	每亩农作物播种面积农业劳动力（人/亩）	d（%）	r（%）	农业劳动力剩余（万人）
1957	235 866	19 310	0.082	100.0	0.0	0
1962	210 343	21 178	0.101	81.2	18.8	4 000
1965	215 936	23 398	0.108	75.9	24.1	5 639
1970	215 231	27 814	0.120	63.6	36.3	10 097
1975	224 318	29 450	0.137	62.6	37.4	10 989
1980	219 569	29 425	0.134	61.2	38.8	11 417
1985	215 439	31 187	0.145	56.6	43.3	13 504
1989	219 831	33 170	0.151	54.3	45.7	15 159
1990	222 543	38 808	0.174	47.1	52.9	20 529
1995	224 490	35 971	0.160	51.3	48.7	17 518

表 2-3 计算了中国 1957—1995 年农作物播种面积、农业劳动力（即实际存在的农业劳动者人数）、每亩农作物播种面积的农业劳动力数、农业生产性劳动系数（用 d 表示）、农业劳动力剩余率（用 r 表示）以及农业劳动力剩余。

表 2-4 计算了两个不同时期（1980—1989 年和 1990—1995 年）上述指标的变化量。

表 2-4 中国农业劳动力和农业劳动力剩余增加情况

时 期	农作物播种面积（万亩）	农业劳动力总数（万人）	每亩农作物播种面积农业劳动力（人/亩）	d（%）	r（%）	农业劳动力剩余（万人）
1980—1989	365（+29）	3 745（+41）	0.013 7	-6.9	6.9	3 742（+417）
1990—1995	1 947（+389）	-2 837（-567）	-0.014	4.2	-4.2	-3 011（-602）

注：根据表 2-3 数据计算；括号内数据为平均每年增减情况。

d 为农业生产性劳动系数，以 1957 年为 100%；r 为农业劳动力剩余率，r = 1 - d；农业劳动力剩余 = 农业劳动力×r。1990 年以后的农业劳动力数据是根据第四次全国人口普查数据调整，比经常性劳动统计数据要高。

计算数据来源：《中国统计年鉴》（1996）第 22 页和第 66 页。

计算结果表明：

第一，我国农业劳动力剩余绝对数是不断上升的，"八五"期间（即第八个五年计划，1991—1995 年）出现下降趋势。1980 年农业劳动力剩余为 11 417 万人，到 1989 年已增至 15 159 万人，这一期间净增 3 742 万人，平均每年净增 417 万人。1990—1995 年期间农业劳动力剩余绝对数出现下降趋势，净减少 3 011 万人，平均每年净减少 602 万人。

第二，农业劳动力剩余率不断上升，"八五"期间（即第八个五年计划，1991—1995 年）有所下降。1980 年我国农业劳动力剩余率为 38.8%，到 1989 年提高到 45.7%，上升了 6.9 个百分点。1990—1995 年期间农业劳动力剩余率由 52.9% 下降为 48.7%。

第三，农业劳动力剩余变动是与农作物播种面积以及农业劳动力总数变动有关。1980—1989 年期间农作物播种面积仅增加至 365 万亩，平均每年净增 29 万亩；这一时期农业劳动力总数净增加了 3 745 万人，平均每年增加 41

万人，并超过农作物播种面积增长数，使农业劳动力剩余绝对数和相对数呈上升趋势。1990—1995 年期间，农作物播种面积净增 1 947 万亩，平均每年净增 389 万亩，高于 1980 年年平均增长数，这一时期农业劳动力总数净减少 2 837 万人，平均每年净减少 567 万人。这一增一减使农业劳动力剩余绝对数和相对数呈下降趋势。

同时，上述方法计算实际农业劳动力剩余还有很多缺陷：

第一，该方法没有考虑到农业生产和农作物耕种方式变化的影响。例如农作物播种面积复种指数不断提高，等于增加了实际农业劳动投入。20 世纪 50 年代中期，中国农作物复种指数为 140%，到 20 世纪 70 年代中期曾高达 160%，20 世纪 90 年代在 150% 以上。

第二，该方法没有考虑到农业生产内部结构变动的影响，例如农业部门内部林业、牧业、渔业比重不断提高，从而增加农业劳动投入。

第三，该方法没有考虑到农业生产技术变化对实际农业劳动力需求的影响。农业技术进步属于“减少劳动力”技术类型，随着农业技术的发展和推广，农业劳动生产率不断提高，所需农业劳动力则不断减少。

第四，该方法没有考虑到农业资本要素和其他要素投入（如化肥、农药、农用机械等）等农业劳动要素投入的替代作用，因为增加前者投入，意味着减少后者投入。

侯鸿翔等（2000）将上述计算实际农业劳动力剩余的方法称为“农作物播种面积法”。

2.3.3　社会产值计算法及案例

一、计算公式

孙友然等（2007）从经济学的角度出发，以农村实际需要劳动力为出发点，以现有统计资料为依据，借鉴中国社会科学院和王玲等（2004）的研究成果提出了一种测算农业劳动力剩余率的公式。

（一）王玲和胡浩志提出的公式

王玲等（2004）称，从经济学的角度出发，以农业实际需要劳动力为出发点，以现有统计资料为依据，研究出了一个计算农业劳动力剩余的简单方法，它可以较规范地计算全国和各省（市、区）的农业劳动力剩余。其公式为：

$$农业劳动力剩余率 = \frac{第一产业从业劳动力数量}{从业劳动力总量} - \frac{第一产业增加值}{国内生产总值}$$

$$农业劳动力剩余 = 第一产业劳动力数量 \times 农业劳动力剩余率$$

显然，这里"第一产业劳动力数量"就是"农业劳动力总量"。

这个农业劳动力剩余计算公式有以下特点（陆学艺，2002）：一是反映了经济发展的内在规律，公式的核心是农业劳动力剩余率，这个农业劳动力剩余率公式的结果，恰当地反映了农业劳动力在各阶段农业生产水平下的剩余（或不足）量；二是公式计算简便，只需2个步骤5个指标即可完成，也可以进行预测；三是有权威资料可以利用，公式的计算表中所需的基础资料，完全可以在《中国统计年鉴》和《中国农村经济统计年鉴》中得到满足，不带任何估计成分，因此计算结果可作纵向比较；各地区计算结果可作横向比较；四是适用性广，用这个公式可以计算全国农业劳动力剩余，也可计算省（市、区）、地、县各级的农业劳动力剩余。可计算当前、过去的农业劳动力剩余，也可结合经济、社会发展规划，预测将来的农业劳动力剩余。

（二）孙友然等（2007）提出的公式

$$农村劳动力剩余率 = \frac{农村劳动力总量}{全国劳动力总量} - \frac{农村社会总产值增加值}{国内生产总值}$$

$$农村劳动力剩余 = 农村劳动力总量 \times 农村劳动力剩余率$$

注意，这里采用的是"农村"，而不是"农业"。

这个公式所需的基础资料完全可以在《中国统计年鉴》和《中国农村经济统计年鉴》中得到满足，不带任何估计成分，因此计算结果可作纵向比较，各地区计算结果可作横向比较。

二、案例

以江苏省农村劳动力剩余的计算为例。

用2000—2005年江苏省农村劳动力总量、从业劳动力总量、农村社会总产值增加值和国内生产总值可以得到江苏省2000—2005年的农村劳动力剩余率（图2-5）和农村劳动力剩余数量（图2-6）。

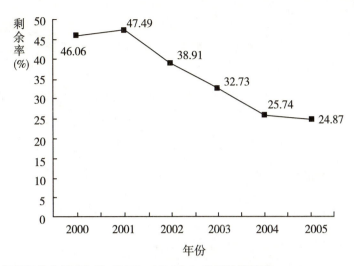

注：根据江苏省统计年鉴（2000—2006 年）数据计算整理。

图 2 - 5　江苏省 2000—2005 年农村劳动力剩余率

从图 2 - 5 可以看出，2000—2005 年，江苏省农村劳动力剩余率不断下降，从 2000 年的 46.06 % 下降到 2005 年的 24.87 %，5 年共下降 21.19 个百分点，年均下降 4.24 个百分点。

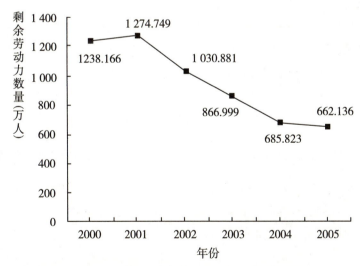

注：根据江苏省统计年鉴（2000—2006 年）数据计算整理。

图 2 - 6　2000—2005 年江苏省农村劳动力剩余变化情况

从图 2 - 6 可以看出，2000—2005 年，江苏省农村劳动力剩余的数量从 1 238.166 万人下降到 2005 年的 662.136 万人，年均转移农村劳动力剩余

115.206 万人。同期江苏省农村劳动力的收入从 2000 年的人均 3 595.1 元增加到 2005 年的人均 5 276.0 元，两组数据对比可以看出，转移农村劳动力剩余对增加农民收入具有显著的作用。

这种计量农村劳动力剩余的方法可以准确地测算某地区的农村劳动力剩余数量，但并非农业劳动力剩余数量，而且在江苏省，这二者这间存在比较大的差距。

2.3.4 耕作面积计算法

计算公式是：

$$农业劳动力需要量 = \frac{T_0}{t_p} = \frac{S_0}{s_p} = \frac{S_0}{n \cdot t_p} \tag{2.8}$$

$$农业劳动力剩余 = 农业劳动力 - 农业劳动力需要量$$

其中 T_0 和 S_0 分别表示既定条件下农业生产达最大产出量所必需的劳动力投入量和耕作面积，t_p 和 s_p 分别表示一个劳动力有效工作日长度和耕作面积的合理极限，n 表示保持土地耕作质量不变条件下每个劳动力单位时间内的耕作面积。

这个公式是李晓峰（1994）得出的。

一、采用围绕一个农业劳动力可能提供的劳动时间展开的方法

（一）假定资本投入量、劳动力技术水平都是不变的

在此前提下，设农业劳动力总量为 N_0，既定条件下农业生产达最大产出量所必需的劳动投入量为 T_0。

若初期农村没有任何劳动力转移现象，所有劳动者都从事农业生产，则农业生产达到最大产出量 Q_m 时人均有效劳动量 $t_0 = \frac{T_0}{N_0}$，此时全部劳动力所有劳动量中最后一单位人时的边际生产力为零。表面上看，这时所有的劳动力都在就业，但由于 t_0 很低，因而实质上总就业中包括相当数量的隐性失业者。

若假定从劳动力总数中抽掉 $N_0 - N_1$ 量的劳动力，同时余下 N_1 量的劳动力人均提供的有效劳动量仍为 t_0，则总劳动量将由 T_0 减为 T_1（$T_1 = t_0 \cdot N_1$），总产出也将减到 Q_1，这意味着在人均有效劳动量不变时，劳动力的边际生产力大于零。

若进一步假定抽掉 $N_0 - N_1$ 量的劳动力损失的劳动量等于 $t_0 \cdot (N_0 - N_1)$，完全由余下者通过延长工作日长度来弥补，从而使总产量仍然维持在 Q_m，

则在职职工劳动力的人均有效劳动量为 $t_1 = \dfrac{T_0}{N_1}$。这时农业产出并没因劳动力投入量减少而受影响，抽掉的 $N_0 - N_1$ 量的劳动力实质上就是边际生产力为零的劳动力剩余。可以想象，若人均有效工作日长度越长，劳动力剩余则越多。

由于受特定生理、心理和社会道德规范等因素的影响，劳动者的有效工作日长度不可能无限增加，它也有一个合理的界限，这在实质上客观地决定了农业部门必须拥有的劳动力数量。若以 t_p 表示该界限，则农业总产出达 Q_m 时必需劳动力的量就是：

$$农业劳动力需要量 = \frac{T_0}{t_p} \tag{2.9}$$

于是：

$$农业劳动力剩余 = N_0 - \frac{T_0}{t_p}$$

当农业总产出既定为 Q_m 时，则有 $Q_m = R_0 \cdot N_0 = R_1 \cdot N_1 = R_m \cdot N_m$，这里 N_m 表示农业劳动力需要量，R_0、R_1 和 R_m 分别表示既定条件下农业生产相应情况下的农业劳动生产率。这个公式说明农业部门可容纳的劳动力数量与农业劳动生产率二者关系的几何图像是一条双曲线，劳动生产率提高，农业部门可容纳的劳动力数量减少，农业劳动力剩余增加；反之，农业部门容纳的劳动力数量增加，农业劳动力剩余减少。同时，农业劳动生产率将在区间 $[R_0, R_m]$ 中变化，再低也不会低于 R_0，再高也不会超出 R_m。因此，R_m 反映了既定条件下农业劳动生产率的最高限界，故称之为目标劳动生产率。

（二）假定资本投入量是可变动的

从理论上讲，若资本投入发生变化，总产出及边际产出曲线将相应做出调整，但这种调整将由于投入资本性质的不同而不同，所以最终使农业劳动力剩余的数量呈现不同趋势的变化。这里仍假定人均有效工作日长度的合理界限为 t_p，农业劳动力总量为 N。

如果增加的是需要较多劳动相配合的资本投入，如农药、化肥、地膜等，则这时达到最高产出 Q_m 所需有效劳动量增加至 T_0'，农业生产必需的劳动力数量 $= \dfrac{T_0'}{t_p}$，且农业劳动力剩余 $N_0 - \dfrac{T_0'}{t_p} < N_0 - \dfrac{T_0}{t_p}$。说明当劳动密集型资本投

入的增加，可以吸纳更多的劳动力，从而使农业劳动力剩余减少。

如果增加的是可替代劳动的资本投入，如农业机械等，则这时达到最高产出 Qm 所需有效劳动量减少至 T'_0，农业生产必需的劳动力数量，且农业劳动力剩余 $N_0 - \dfrac{T'_0}{t_p} > N_0 - \dfrac{T_0}{t_p}$。说明当资本密集型资本投入增加时，农业将面临更大的劳动力剩余压力。

二、采用围绕一个劳动力可耕作的土地面积展开的方法

（一）假定资本投入量、劳动力技术水平都是不变的前提下

设农业劳动力总量为 N_0，耕作面积为 S_0。则达到最高产出量 Q_m 时，劳动力人均耕作面积为 $s_0 = \dfrac{S_0}{N_0}$。

若假定从劳动力总数中抽掉 $N_0 - N_1$ 量的劳动力，同时余下 N_1 量的劳动力假定能在保证耕作质量不变的条件下人均耕作面积增加为 S_1 $\left(S_1 = \dfrac{S_0}{N_1}\right)$，则农业总产出将会维持在原有水平上，此时 $N_0 - N_1$ 的劳动力就是边际生产力为零的隐形失业者，即农业劳动力剩余。说明在保持土地耕作质量不变条件下，一个劳动力的耕作面积越大，劳动力剩余就越多，反之则越少。显然，在保证土地耕作质量不变的前提下，一个劳动力也不可能耕作任意多的土地，也应当且一定有一个最高界限，用 s_p 表示之。所以，农业生产必需劳动力数量就是：

$$农业劳动力需要量 = \frac{S_0}{s_p} \qquad\qquad (2.10)$$

于是：

$$农业劳动力剩余 = N_0 - \frac{S_0}{s_p}$$

如果用 n 表示保持土地耕作质量不变条件下，每个劳动力单位时间内的耕作面积结合每个劳动力可能的工作时间界限 t_p，可得 $s_p = n \cdot t_p$。将此公式代入公式（2.10），便得到公式（2.8）。

（二）假定资本投入量是可变动的

如果增加的是需要更多劳动配合的资本投入，则单位耕地面积上所需的劳动量将增加，或者说劳动力在单位时间内的耕作面积将减少，假定由 n 减

至 n'，于是人均耕作面积为 $s'_p = n' \cdot t_p$，此时农业劳动力剩余 $= N_0 - \dfrac{S_0}{S'_p}$ $\Big($ $<$

$N_0 - \dfrac{S_0}{s_p}\Big)$，需要注意的是：劳动密集型资本投入增加时，农业劳动力剩余将减少。如果增加的是可替代劳动的资本投入，结果是单位耕地面积所容纳的必需劳动力量减少，从而使农业劳动力剩余增加，具体分析略。

2.3.5　耕作面积动态计算法及案例

一、计算公式

计算公式是：

第 t 年农业劳动力剩余 ＝ 第 t 年农业实际劳动力 − 第 t 年的农业劳动力需要量

其中，

第 t 年的农业劳动力需要量 $= \dfrac{\text{第 } t \text{ 年实有耕地面积}}{\text{第 } t \text{ 年劳均耕地面积}}$

第 t 年的农业劳动力剩余 ＝ 第 t 年的农业劳动力 − 第 t 年的农业劳动力需要量

这里：

第 t 年劳均耕地面积 ＝0.496 6 × （1 + 经营耕地变动率）× （t − 1 952）

其中，0.496 6 为 1949—1957 年劳均耕地面积的平均值（单位：公顷）。

第 t 年劳均耕地面积公式是陈先运（2004）提出的。陈先运认为，在计算农业劳动力需要量时，由于决定农业劳动力需求量的主要因素有农业自然资源、生产经营方式以及农业政策等。在当时的自然、社会、经济和技术条件下，农业资源尤其是耕地资源对农业劳动力资源需求具有决定性的作用。陈先运认为，以 1952 年作为农业劳动力充分利用的固定期，根据历史数据，动态估算农业劳动力剩余较为合理。同时指出，经营耕地变动率（以描述农业生产技术进步对农业生产率的影响）经计算取 0.001 8，即：

第 t 年劳均耕地面积 ＝0.499 6 × （1 + 0.001 8）（t − 1 952）

二、案例

以山东省为例，利用 1952—2002 年全省耕地面积、乡村劳动力资料测算各个时期农业劳动力剩余情况如表 2 − 5 所示。

表2－5　1952—2000年山东省农业剩余劳动力变动情况　　（单位：万人、万公顷）

年份（t）	第 t 年 实有耕地面积	第 t 年 农业实际劳动力	第 t 年 农业劳动力需要量	第 t 年 农业劳动力剩余
1952	918.27	1 801.00	1 849.11	－48.11
1965	800.09	2 086.00	1 573.90	512.10
1983	718.19	2 498.83	1 367.72	1 131.11
1985	703.77	2 365.65	1 335.43	1 030.22
1991	683.40	2 647.19	1 282.95	1 364.24
2002	707.00	2 370.91	1 301.26	1 069.65

资料来源：《山东统计年鉴》，2003。

从表2－5可得出，自1952年以来，山东省农业劳动力剩余变化可以分为：1952—1965年为无或少量剩余阶段；1965—1983年为快速增长阶段；1983—1985年为缓慢减少阶段；1985—1991年为快速上升阶段；1991—2002年为稳定趋降阶段。农业劳动力剩余波动性特征与耕地面积变化、农业劳动力供给变化和集约化水平提高的变动趋势相反。

2002年年末，山东省农村劳动力资源数为3 695.18万人，扣除非农产业从业人员1 324.27万人，再减去大农业所需的1 300万人，山东省农业劳动力剩余规模应在1 070万人左右。

2.3.6　劳均产值计算法及案例

一、计算公式

$$农业劳动力需要率 = \frac{\frac{农业净产值}{农业劳动力供应量}}{\frac{国民收入总值}{社会劳动力总量}}$$

这个公式是管荣开（1986）在其建立的考察农业活动的指标体系中提出的，并称"农业劳动力需要率"为"N值"。公式中，分子是平均每个农业劳动者创造的价值量，分母是平均每个社会劳动者创造的价值量，即社会必要劳动量的倒数。用分母去除分子，就是用社会必要劳动量作标尺去衡量农业劳动者的劳动。这个值作为反映农业劳动被社会承认即符合社会需要的程度的比率，称为"农业劳动需要率"。当分子小于分母，农业劳动需要率小于1时，表明农业劳动不是被社会全部承认、完全需要的，而是部分需要、部分剩余的。

从而，

农业劳动力需要量＝农业劳动力供应量×农业劳动力需要率

$$＝农业劳动力供应量×\frac{\dfrac{农业净产值}{农业劳动力供应量}}{\dfrac{国民收入总值}{社会劳动力总量}}$$

$$＝社会劳动力总量×\frac{农业净产值}{国民收入总值}$$

按我国农村现实的情况，农业劳动者一般都有责任田可种，但又绝大部分就业不充分。农业劳动的需要与剩余一般不是表现在某些劳动者的"完全需要"和另一些的"完全剩余"上，而是表现为大部分劳动者的既"部分需要"又"部分剩余"上。这种特色今后短期内不会有根本改变。

二、案例

1952—1982 年的 30 年间我国农业劳动需要率的变化情况如表 2－6 所示。

表 2－6　1952—1982 年的 30 年间我国农业劳动需要率的变化

项目 ＼ 年份	1952	1957	1965	1978	1979	1980	1981	1982
国民收入值（亿元）	589	908	1 387	3 010	3 350	3 688	3 940	4 247
农业净产值（亿元）	340	425	641	1 065	1 318	1 467	1 658	1 893
社会劳动者（万人）	20 729	23 771	28 670	39 856	40 581	41 896	43 280	44 706
农业劳动者（万人）	17 317	19 810	23 398	29 426	29 425	30 211	31 171	32 013
社会劳均净产值（元／人）	284	382	484	755	826	880	910	950
农业劳均净产值（元／人）	196	220	274	362	448	486	532	591
农业劳动需要率——N 值（%）	69	58	57	48	54	55	58	62

资料来源：《中国统计年鉴》1983。

单独观察 1952—1982 这 30 年间我国"国民收入（国民收入总值）""农业净产值""社会劳动者（社会劳动力总量）""农业劳动者（农业劳动力供应量）"这四栏统计数字，它们都是一直增加（只有"农业劳动者"在 1979 年比 1978 年略有减少），难以看出规律性的东西。然而，若把这四个指标联系起来，使它们组成一个"农业劳动需要率——N 值"来加以考察，马上就会发现一个明显的现象：N 值从 1952 年以来，先是一直减小，由 69% 减到

1978 年的 48%，达到最小值；自 1979 年开始迅速增大，于 1982 年达到 62%。

管荣开（1986）指出，由 N 值的经济意义可知，自建国以来农业劳动就不完全是社会需要的，是一直有剩余的，其剩余率在 1978 年以前又有增无减，到 1978 年农业劳动力剩余最严重，自 1978 年以后到 1982 年，农业劳动被社会承认的程度提高了，农业劳动力剩余减少了，到 1982 年大概恢复到 20 世纪 50 年代的水平。N 值（农业劳动需要率），农业劳均净产值占社会劳均国民收入的比率，是一个高度综合的社会经济指标，它既可以反映农业与国民经济其他各业的差距以及发展的不平衡状况，又显示着社会经济宏观决策的优劣。结合实际情况看，我国 20 世纪 50 年代迅猛发展重工业，对农产品实行低价的统购统销政策，限制农业劳动力的转移和人口的流动；20 世纪 60 年代至 70 年代中期，由于众所周知的原因，社会劳动结构凝固僵化，国民经济比例关系严重失调，决定了这个阶段 N 值曲线的低落。十一届三中全会以后，全国工作重点转移到经济建设上来，首先重视发展农业生产力，农产品大幅度提价，生产责任制的推行，农村商品生产及乡镇企业的发展，使得 N 值在这个阶段迅速抬升。N 值由小至大的变化及其曲线的由降至升的转折，表明我国国民经济由比例失调、不正常发展转变到比例比较协调、健康正常的发展轨道上来。这都是 N 值及其变化所透露出来的主要信息。

2.3.7 劳均产值计算法的修正及案例

一、计算公式

刘正鹏（1987）在指出管荣开（1986）测算方法的缺陷之后，对"农业劳动力需要率"指标进行了修正，并提出"农业劳动力利用率"概念来替代，并给出计算公式：

$$农业劳动力利用率 = \frac{农业部门实际劳动生产率}{农业部门理论劳动生产率}$$

$$= \frac{实际农业总产量}{理论农业总产量}$$

其中，理论农业总产量是指在劳动与资金都得到充分利用的情况下，农业部门所应该达到的产量水平，利用柯布–道格拉斯（Cobb-Douglas）生产函数计算得出。

针对管荣开提出的公式：农业劳动力需要率 $= \dfrac{\dfrac{\text{农业净产值}}{\text{农业劳动力供应量}}}{\dfrac{\text{国民收入总值}}{\text{社会劳动力总量}}}$ ，刘

正鹏指出，该方法是值得商榷的（刘正鹏，1987）。因为农业部门是一个劳动密集型部门，农业部门劳动者的资金装备程度较低，资金有机构成不高，即便在剔除了农村劳动力剩余之后，农业部门的劳动者资金装备程度也比社会平均水平要低。这样，采用管荣开的方法，以社会平均的劳动生产率与农业部门的劳动生产率相比较来计算农业劳动需要率就显得不合适，资金有机构成的差异造成了社会平均劳动生产率同农业部门的劳动生产率之间的不可比性，或者说两者可比性不足。紧接着，刘正鹏便提出了"农业劳动力利用率"概念来替代"农业劳动力需要率"，并给出上述计算公式。为计算理论农业总产量，利用了规模报酬不变条件下的柯布−道格拉斯（Cobb−Douglas）生产函数 $Y = AL^{\alpha}K^{\beta}$（$\alpha + \beta = 1$），其中，L^{α} 为劳动产出弹性，K^{β} 为资金产出弹性。在这里采用了全部农村劳动力作为劳动投入量 L，其中也就包含了劳动力剩余，而劳动力剩余的存在使得农业部门的劳动生产率降低，也就使生产函数中的劳动产出弹性值偏低。如前所述，由于劳动力剩余的存在，使得农业部门劳动投入量的增加并不会引起农业产出水平的提高，即劳动的边际生产力为零，而柯布−道格拉斯生产函数其固有的性质是各投入要素的边际生产力都大于零，这有悖于中国农村经济现实。由此，在估计农业部门的生产函数时，可以删除劳动要素，认为农业部门的产出水平只与其资金的投入有关。重新设计生产函数，其数学形式为：$Y' = A'K^{\beta'}$。在资金有效利用的条件下，可以认为是农业部门真正的资金产出弹性。如果农业劳动力与资金都得到有效利用，那么农业部门理论的投入产出关系应是：$Y^{*} = A'L^{1 - \beta'}K^{\beta'}$。则：

农业劳动力利用率 $= \dfrac{Y_R}{Y^{*}}$，这里 Y_R 为农业部门的实际产量

农业劳动力剩余率 $= 1 -$ 农业劳动力利用率

农业劳动力剩余 $= L \times$（$1 -$ 农业劳动力利用率）

二、案例

表 2−7 列出了我国 1952—1966 年农业总产值、农业劳动力、农业资金投入量。

表2-7 我国 1952—1966 年农业总产值、农业劳动力、农业资金投入量 （单位：亿元、万人）

年份	总产值	劳动力	资金	年份	总产值	劳动力	资金
1952	855.4	17 317	112.92	1967	1 298.6	25 167	185.41
1953	884.9	17 748	120.26	1968	1 266.7	26 065	183.95
1954	91.1	18 152	121.61	1969	1 280.7	27 119	185.19
1955	984.3	18 593	118.90	1970	1 428.1	27 814	198.97
1956	1 033.9	18 545	124.32	1971	1 472.1	28 400	214.89
1957	1 171.2	19 310	130.87	1972	1 469.4	28 286	237.02
1958	1 097.1	15 492	155.27	1973	1 592.3	28 861	232.84
1959	947.5	16 274	140.13	1974	1 658.5	29 222	271.91
1960	827.8	17 019	124.55	1975	1 733.5	29 460	260.62
1961	807.9	19 749	119.13	1976	1 778.7	29 448	271.91
1962	857.8	21 278	126.02	1977	1 808.4	29 345	288.51
1963	957.5	21 968	141.26	1978	1 970.5	29 426	300.93
1964	1 087.1	22 803	170.85	1979	2 139.3	29 425	319.22
1965	1 176.9	23 398	170.85	1980	2 323.0	30 211	318.32
1966	1 278.7	24 299	181.01				

资料来源：1984 年《中国统计年鉴》及邹至庄《中国经济》。

在使用表2-7的资料时，刘正鹏先作了如下说明，只要农业总产值没有超过历史最高水平，则认为该年度生产不正常，预示着该年度的资金利用也不充分，然而对农业部门理论产量的估计是建立在农业劳动力与资金充分利用基础之上的，因此，在建立农业部门的理论生产函数模型时，便将1958年至1964年、1968年、1969年、1972年的资料删除。将前面所设计的生产函数对数线性化，使用最小二乘法即可得到如下的生产函数：

$Y = 6.095\ 7L^{0.324}K^{0.676}$；$Y' = 18.354K^{0.519\ 7}$；$Y^* = 6.095\ 7L^{0.324}K^{0.519\ 7}$；

其中 $Y^* = 6.095\ 7L^{0.324}K^{0.519\ 7}$ 即为农业部门的理论生产函数，利用这个函数就以得到历年农业部门的理论产量，将它与年农业部门的实际产量比较即可得到历年农业劳动力利用率，也就可以得到历年农业动力剩余率及剩余量，并将结果列入表2-8。

从表2-8可知，农业劳动力利用率一直不高，农业劳动力剩余率在这29年里有22年超过0.5；1959—1979年连续21年农村劳动力剩余率超过0.5，即实质上有一半以上的农业劳动力没有得到利用，其中1968年农业劳动力剩余率高达0.577 6。1980年农业劳动力利用率为0.504 1，虽然较1970年有所提高，但仍有近一半的农业劳动力没有得到利用，1980年农业劳动力剩余约为14 982万人。20世纪80年代中期，农村乡镇企业发展较快，吸收了一部分农业劳动力剩余，估计 1985 年农业劳动力利用率在 59% 左右，可见农业劳动力利用程度仍然不高。借助于乡镇企业的大力发展，以及严格控制农村人口的自然增长，可以相信农村劳动力的利用程度会逐步提高。

表 2 - 8　1952—1980 年农业劳动力剩余率及剩余量

| 年度 | 农业总产值（亿元） | | 农业劳动力 | | |
	实际 YR	理论 Y^*	利用率 $u = Y_R/Y^*$	剩余率 $s = 1 - u$	剩余 sL
1952	855.35	1 705.597	0.501 5	0.498 5	8 632.52
1953	834.95	1 803.931	0.490 6	0.509 4	9 040.83
1954	915.10	1 827.979	0.500 6	0.499 4	9 065.11
1955	934.26	1 802.304	0.546 1	0.453 9	8 439 036
1956	1 033.92	1 868.496	0.563 3	0.436 7	8 284.05
1957	1 171.16	1 963.069	0.545 7	0.454 3	8 772.53
1958	1 097.09	2 170.316	0.505 5	0.494 5	7 660.79
1959	947.40	2 013.088	0.470 7	0.529 3	8 613.30
1960	827.80	1 842.520	0.449 3	0.550 7	9 672.36
1961	807.36	1 824.340	0.442 7	0.557 3	11 006.12
1962	857.73	1 936.778	0.442 0	0.557 1	11 853.97
1963	957.46	2 139.041	0.447 6	0.552 4	12 135.12
1964	1 037.12	2 516.773	0.431 9	0.568 1	12 954.36
1965	1 176.83	2 528.464	0.465 5	0.534 5	12 506.23
1966	1 278.61	2 669.227	0.479 0	0.521 0	12 659.73
1967	1 203.56	2 730.569	0.474 0	0.526 0	43 237.84
1968	1 266.64	2 739.134	0.427 4	0.577 6	15 055.14
1969	1 280.66	2 774.016	0.461 7	0.538 3	14 598.16
1970	1 428.21	2 955.504	0.483 2	0.516 6	14 368.71
1971	1 472.10	3 159.869	0.465 9	0.524 1	15 163.44
1972	1 469.39	3 421.789	0.429 4	0.570 6	16 139.99
1973	1 542.20	3 384.515	0.470 5	0.520 5	15 281.90
1974	1 668.47	3 449.984	0.480 7	0.519 3	15 174.98
1975	1 733.45	3 720.589	0.466 4	0.533 6	15 719.86
1976	1 773.67	3 857.598	0.461 1	0.538 9	15 369.53
1977	1 880.38	4 040.027	0.446 9	0.553 1	16 230.72
1978	1 970.45	4 191.178	0.470 1	0.529 9	15 592.84
1979	2 139.27	4 398.871	0.480 3	0.513 7	15 115.62
1980	2 223.00	4 400.573	0.504 1	0.495 9	14 981.63

第3章 新古典经济学理论框架下
的农业劳动力剩余

§3.1 新古典经济学理论框架下的两部门模型：
新古典两部门模型

3.1.1 新古典经济学理论框架下农业劳动力剩余的概念

新古典经济学理论对经济三要素的基本假设是：所有生产要素（劳动、资本和土地）在供给上都是稀缺的。这在发达国家中是适用的。新古典经济学派认为，刘易斯提出的边际生产力为零的劳动力剩余是不存在的（舒尔茨，1999），但边际生产力大于零的劳动力剩余是可能存在的（Jorgenson，1967）。

劳动力剩余、劳动的边际产出为零、隐蔽性失业是三个互有联系又有极大争议的概念。以舒尔茨为代表的新古典主义者认为农业部门不存在劳动力剩余，所有劳动力的边际产出都大于零；刘易斯则坚持认为劳动力是"无限供给的"，劳动力剩余是存在的；乔根森虽然是新古典主义的代表，却提出边际生产力大于零的劳动力剩余是可能存在的。为了调和这场争论，阿玛蒂亚·森区分了"每人的边际产出"和"每人每小时边际产出"这两个概念，由此结束了"劳动力剩余"之争（蔡昉等，2008）。

3.1.2 新古典经济学理论框架下的两部门模型：新古典两部门模型

在古典经济学理论框架下两部门劳动力剩余模型中有许多假设，如农业部门中存在最低工资等，所以许多经济学家根本不同意在今天的发展中国家中存在着劳动力剩余，他们认为，即便是在印度和中国也是这样。这些经济学家提出了另一种两部门模型，称为新古典两部门模型，图3-1表示了一个简单的新古典两部门模型（国家统计局农调总队社区处，2002）。

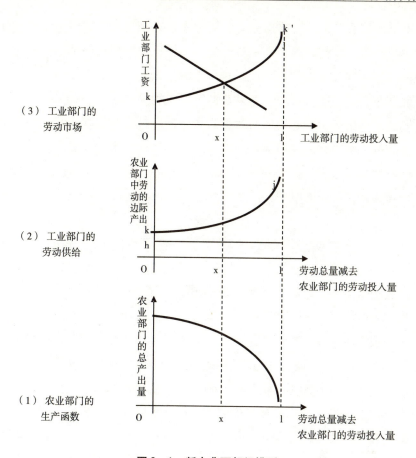

（3）工业部门的
　　 劳动市场

（2）工业部门的
　　 劳动供给

（1）农业部门的
　　 生产函数

图 3 - 1　新古典两部门模型

图 3 - 1 中，l 点为劳动总量，O 点表示全部劳动都投入到了农业部门，工业部门的劳动投入量为零，而 l 点则表示农业部门劳动投入量为零，劳动全部投入到了工业部门。

由图 3 - 1 与图 2 - 4 可看出，新古典两部门模型与现代两部门劳动力剩余模型的根本区别在于农业部门生产函数没有了水平段（见图 2 - 4（1）中的 AB 段），所以农业部门中劳动的边际产出决不会降到维持生计的最低工资水平 h（见图 2 - 4（2）及图 3 - 1（2）），工资是由农业部门中劳动的边际产出决定的（视为完全竞争市场），所以工业部门中的劳动供给曲线不存在平缓部分（见图 2 - 2 中的 hh′段）。这样，工业部门的工资等于农业部门中的劳动边际产出，加上使农业部门中的劳动力转移到工业部门中去的溢价。

在新古典两部门模型中，农业部门中劳动投入增加，将提高农业产出，从而劳动力从农业部门转移出去必将引起农业产出下降，所以劳动的边际产出决不会出现为零的现象，这是新古典两部门模型与现代两部门劳动力剩余模型的不同所在（见图 2 – 4（2）中虚线 Og'段）。

在新古典两部门模型中，如果要使工业成功地发展，要吸引农业部门中的劳动力转移出来，就必须同时发展农业，所以，一开始就必须保持工业与农业之间的平衡。在现代两部门劳动力剩余模型中，则可以在农业部门劳动力剩余转移枯竭之前，可忽视农业的发展，而在刘易斯第二转折点出现时，才开始转为新古典经济模型。

§3.2 新古典经济学理论框架下农业劳动力剩余的估计与测算

在我国改革开放之初，农业部门是确确实实存在劳动力剩余的。

如何在新古典经济学理论框架下测算这部分农业劳动力剩余呢？国内学者一般先求出整个经济系统收益最大化（即资源达到最佳配置）时所需要的农业劳动力数量，再与农业中实际存在的劳动力数量相比，就得到劳动力剩余数量。这种方法测算的农业劳动力剩余与农业技术水平无关，也就是说与一个农民能耕种多少土地没有直接关系，也不考虑农业产量的增减，单纯从市场角度考察劳动力的配置。

这一类方法是按照利润最大化原则，使生产要素达到最优配置来计算农业劳动力剩余的数量。

刘建进（1997）以农户的生产行为追求收入最大化为出发点求出所需农业劳动力数量，再求其与当前农业劳动力数量之差得到农业劳动力剩余数量，借助农户抽样调查数据便可测算出全国农业劳动力剩余的数量。这个方法下面简称为农户生产行为方法。

王红玲（1998）则从两部门经济系统（农业部门和非农业部门）出发，利用柯布－道格拉斯生产函数，采用资源（资本和劳动）配置的优化模型，导出农业劳动力剩余数量的具体计算公式。这个方法下面简称为两部门经济系统方法。

赵秋成（2000）根据农业收益最大化原则得出农业部门的最优就业量，从而得出农业劳动力剩余率和农业劳动力剩余。这个方法下面简称为农业收益最大化方法。

国家统计局农调总队社区处（2002）仅从柯布－道格拉斯生产函数出发，分析农业生产总量达到最大时，各生产要素（仅指劳动力与耕地）按最优配置所需要的劳动力数量，从而推算出农村劳动力剩余数量。这个方法下面简称为农业生产总量最大化方法。

喻葵等（2003）基于农户和农户组群概念，从一般生产函数出发，按照利润最大化原则，推导出了农村劳动力剩余数量的测算公式，并给出了该方法的统计测算步骤，同时指出王红玲（1998）的测算公式是该公式的一种特例。这个方法下面简称为农户组群方法。

王检贵等（2005）建立的模型将农民视作追求收益最大化的经济主体，合理的农业劳动力投入数量应该是在均衡条件下，农民对农业部门的合理的劳动力投入水平。农业部门实际就业水平超过这一数量的部分就构成了劳动力剩余。这个方法下面简称为农民追求收益最大化方法。

3.2.1　农户生产行为方法

刘建进（1997）认为，农户的生产行为是农户根据经济环境以及自身的资源禀赋的状况配置其各种生产要素，使得其生产收入达到最大化，这时生产要素的配置就称为最优配置。只要未达到生产要素的最优配置，农户就有动力去调节其生产要素的配置。农户当前的农业劳动力数量与达到其生产要素最优配置时的农业劳动力数量之差就是该农户的农业劳动力剩余数量。某一农户组群中的各户的农业劳动力剩余数量的总和就是该农户组群的农业劳动力剩余数量。这里提出的农业劳动力剩余的概念不需要农业边际劳动生产率等于零的假设，而在这个概念下的农业劳动力剩余与实际中的农村劳动力流动趋势却联系得更为密切。这个概念下的农业劳动力剩余不仅仅只是农业内部的事情，它与农户所有可能选择进行经济活动的行业和地区都是相关的。因此在此概念下，农业劳动力剩余与农村劳动力剩余是有区别的。

一、模型的建立（注意与原文刘建进（1997）的不同之处）

假设：某农户在不同的行业 i 中分配其家庭劳动力，i 行业的生产函数为

$$Q_i \ (D_i, \ L_i, \ K_i)$$

其中 D_i、L_i 和 K_i 分别为该农户从事 i 行业所投入的土地、劳动和资本。我们假设生产函数在满足规模效益不变的条件下为：

$$Q_i = D_i \frac{\partial Q_i}{\partial D_i} + L_i \frac{\partial Q_i}{\partial L_i} + K_i \frac{\partial Q_i}{\partial K_i} \qquad (3.1)$$

另外该农户资本、劳动和土地的配置满足下列约束条件：

$$\sum_i K_i = K \qquad (3.2)$$

$$\sum_i L_i = L \qquad (3.3)$$

$$\sum_i D_i = D \qquad (3.4)$$

其中 K 为该农户家中的资本总量，L 为劳动力总量，D 为土地总量。

该农户从事 i 行业的利润 Π_i 为：

$$\Pi_i = P_i Q_i - P_i^l L_i - P_i^k K_i - P_i^d D_i \qquad (3.5)$$

其中 Pi 为 i 行业单位的产品的价格，$P_i Q_i$ 即为该行业的收入。P_i^l 为从事 i 行业的单位劳动成本。若 ri 为利率，则 $P_i^k = (1 + ri)$ 为单位资本成本。P_i^d 为 i 行业的单位土地成本。

假设该农户关于劳动和资金配置的行为使其所有行业的利润之和最大化，即：

$$\left. \begin{aligned} &\max_{L_i, K_i, D_i} \sum_i \ (P_i Q_i - P_i^l L_i - P_i^k K_i - P_i^d D_i) \\ &s.t. \quad \sum_i K_i = K \\ &\qquad \sum_i L_i = L \\ &\qquad \sum_i D_i = D \end{aligned} \right\} \qquad (3.6)$$

二、生产要素配置均衡的条件

这个最优化问题 (3.6) 的拉格朗日函数为：

$$\ell = \sum_i \ (P_i Q_i - P_i^l L_i - P_i^k - K_i - P_i^d D_i) \ + \lambda \left(L - \sum_i L_i \right) + \eta \left(K - \sum_i K_i \right)$$

$$+ \mu \left(D - \sum_i D_i \right)$$

这里 λ、η 和 μ 分别为劳动、资本和土地的拉格朗日乘子。

最优化问题 (3.6) 的最优解应满足如下一阶条件：

$$\frac{\partial \ell}{\partial L_i} = 0, \qquad 即 \ P_i \frac{\partial Q_i}{\partial L_i} - P_i^l - \lambda = 0 \qquad (3.7)$$

$$\frac{\partial \ell}{\partial K_i} = 0, \qquad 即 \ P_i \frac{\partial Q_i}{\partial K_i} - P_i^k - \eta = 0 \qquad (3.8)$$

$$\frac{\partial \ell}{\partial D_i}=0, \qquad 即\ P_i\frac{\partial Q_i}{\partial D_i}-P_i^d-\mu=0 \qquad (3.9)$$

将 L_i、K_i 和 D_i 分别乘以公式（3.7）、公式（3.8）和公式（3.9），并将它们相加，再代入到公式（3,2）中，得到：

$$P_iQ_i-P_i^lL_i-P_i^kK_i-P_i^dD_i=\lambda L_i+\eta K_i+\mu D_i$$

即

$$\Pi_i=\lambda L_i+\eta K_i+\mu D_i \qquad (3.10)$$

又由公式（3.9）得 $\mu=P_i\frac{\partial Q_i}{\partial D_i}-P_i^d$，将其代入上式得 $\Pi_i=\lambda L_i+\eta K_i+\left(P_i\right.$

$\left.\frac{\partial Q_i}{\partial D_i}-P_i^d\right)D_i$，从而得到：

$$\frac{\Pi_i+P_i^dD_i}{L_i}-\eta\frac{K_i}{L_i}-P_i\frac{D_i}{L_i}\cdot\frac{\partial Q_i}{\partial D_i}=\lambda$$

记 $I_i=\Pi_i+P_i^dD_i$，即 $I_i=P_iQ_i-P_i^lL_i-P_i^kK_i$，表示不计土地成本的行业利润。

再由公式（3.10）得：

$$\frac{I_i}{L_i}-\frac{K_i}{L_i}\eta-P_i\frac{D_i}{L_i}\cdot\frac{\partial Q_i}{\partial D_i}=\lambda=\frac{\partial I_i}{\partial L_i} \qquad (3.11)$$

公式（3.11）便为在资本、劳动和土地总量约束下配置均衡必须满足的必要条件。

必须注意，上述模型中假设了农户的劳动力在不同成员之间是同质的，并且劳动力的利用只是自家的劳动力总和。对于中国农村的农户在当时（1997年），从事农业雇工和雇佣农业雇工的劳动力比例很少，上述的假设可以视为近似成立。对于非农业，自家的劳动力与雇佣的劳动力在所从事的角色上一般是不相同的，上述的模型认为生产函数中雇佣的劳动力是以一定的关系被非农业生产函数中的资本所替代。另外，土地因素不进入最优化变量，这是因为在当时（1997年）中国农村土地市场非常不发达，农户几乎不可能在土地规模上有自己的选择。

三、计算公式的简化

为了便于计算分析，在这里再做一些必要的假设以简化。这些假设只是为了数据计算的方便，不影响所得到的结论。如果有较好的数据来源，可以不做这些假设。

首先是对资本市场的假设。在当时（劳动部做调查的 1994 年），资金在中国是普遍短缺的，在农村也不例外。中国农村中的农户虽然在正规信贷市场受到限制，但是非正规市场却在不断地扩大规模。非正规市场上资金的利率一般远远要高于正规信贷市场，并且对市场的需求状况反应灵敏。只要农户的生产利润足够好，付得起利息，还是可以根据自己的需求借贷到资金的。因此在资本市场上可以认为农户根据自己的生产状况是可以选择合理的资本分配的，故可以认为 $\eta \approx 0$。于是公式（3.11）就变为：

$$\frac{I_i}{L_i} - P_i \frac{D_i}{L_i} \cdot \frac{\partial Q_i}{\partial D_i} = \lambda \tag{3.12}$$

如果我们仅把农户生产的行业分为农业和非农业两个行业，并相应地以下标 α 和 n 表示，那么公式（3.12）就可以具体写成：

$$\frac{I_\alpha}{L_\alpha} - P_\alpha \frac{D_\alpha}{L_\alpha} \cdot \frac{\partial Q_\alpha}{\partial D_\alpha} = \lambda = \frac{I_n}{L_n} - P_n \frac{D_n}{L_n} \cdot \frac{\partial Q_n}{\partial D_n} \tag{3.13}$$

再次假设：非农产业的土地边际生产率为零，即 $\frac{\partial Q_n}{\partial D_n} = 0$。

农业生产函数为道格拉斯 – 柯布型的：

$$Q_\alpha = A D_\alpha^\alpha L_\alpha^\beta K_\alpha^\gamma$$

该生产函数具有下述性质：

$$\frac{\partial Q_\alpha}{\partial D_\alpha} = \alpha \frac{Q_\alpha}{D_\alpha}$$

这里 α 为土地的产出弹性，将其代入公式（3.13），并进一步简化可得：

$$\frac{I_\alpha}{L_\alpha} - \alpha P_\alpha \frac{Q_\alpha}{L_\alpha} = \lambda \frac{I_n}{L_n} \tag{3.14}$$

公式（3.14）右边为非农产业的劳动平均利润，同时根据公式（3.11），可知其也是非农产业的劳动边际利润；公式（3.14）左边为农业产业的劳动边际利润，它等于劳动平均利润减去土地的生产弹性乘以劳动的平均收入。

1994 年中国的农户的土地规模一般来说都很小，而且土地不可以流转，因此 α 为大于零的正值。这样，公式（3.14）意味着：当劳动力在农业和非农产业得到充分利用时，农业劳动力的平均纯收入（利润）要高于非农产业劳动力的平均纯收入。

公式（3.14）还告诉我们，只要非农产业劳动力的平均纯收入高于农业产业劳动力的平均纯收入，就一定存在农业劳动力剩余。这一差距越大，农业劳动力剩余就越多。所以提高农民的收入水平，特别是提高低收入农户的收入水平，与缓解农业劳动力剩余的压力是紧密相关的。从下一节的实证结果中可以看出这一点。

从另一个角度来看，公式（3.14）可以作为判断农户在农业中是否存在有未得到合理配置的多余的劳动力的检验条件，显然这种未得到合理配置的农业劳动力就是农业劳动力的剩余。但是要估算农业劳动力剩余的相对规模，则需要求解优化问题。为了避免这种复杂的计量模型和最优化求解问题，在此采用下述近似计算方法。

将公式（3.14）改写为：

$$\frac{\dfrac{I_\alpha}{L_\alpha}}{\dfrac{I_n}{L_n}} = 1 + \alpha \cdot \frac{\dfrac{Y_\alpha}{L_\alpha}}{\dfrac{I_n}{L_n}} \tag{3.15}$$

其中 $Y_\alpha = P_\alpha Q_\alpha$ 为农业生产的收入（毛收入）。公式（3.15）的左边为农业劳动力平均纯收入（利润）与非农业劳动力平均纯收入之比。

将农户按不同的人均纯收入水平分组，对每一分组中的农户计算农业生产函数的土地弹性 α 值，然后分别计算公式（3.15）右边的数值和左边的数值。如果两边的值近似相同，那么认为该收入组中农户的劳动力得到了合理的配置，不存在劳动力剩余。如果两边的值不近似相同，那么该收入组的农户的劳动力没有得到合理的配置，则存在劳动力剩余。

如果公式（3.15）右边的值为 h_1，左边的值为 h_2，即记为：

$$h_1 = 1 + \alpha \cdot \frac{\dfrac{Y_\alpha}{L_\alpha}}{\dfrac{I_n}{L_n}}, \qquad h_2 = \frac{\dfrac{I_\alpha}{L_\alpha}}{\dfrac{I_n}{L_n}}$$

则当 $h_1 > h_2$ 时，就存在农业劳动力剩余。

如果在同样的生产环境下，农业劳动力为 rL_α 时，有相同的农业纯收入，而且满足公式（3.15），则 $(1-r)$ 就是农业劳动力剩余占其农业劳动力的比例，即农业劳动力剩余率。据此用 rL_α 代替 L_α 代入公式（3.15），得到

$$\frac{\dfrac{I_\alpha}{rL_\alpha}}{\dfrac{I_n}{L_n}} = 1 + \alpha \cdot \frac{\dfrac{Y_\alpha}{rL_\alpha}}{\dfrac{I_n}{L_n}}，\text{再代入到 } h_1 \text{ 和 } h_2 \text{ 的定义式，得：}$$

$$1 - r = h_1 - h_2\text{（刘建进（1997）中误为 }1 - r = 1 - \frac{h_1}{h_2}\text{）}$$

这样就可以近似计算出农业劳动力剩余的规模。

四、一个实例

劳动部 1994 年所做的 8 省 4 000 户农户的抽样调查的数据按人均纯收入水平将全部样本分成如下 10 组，各组样本的基本情况如表 3 - 1 所示（刘建进，1997）。

表 3 - 1 样本的各主要变量的基本情况（平均值）

变 量	家庭成员数(人)	1994年劳动人口(人)	农业固定资产(元)	非农业固定资产(元)	农业毛收入(元)	农业纯收入(元)	农业劳动时间(天×人)	非农业劳动时间(天×人)
全部样本　（N = 3 996）	416	239	1 220	4 096	5 074	3 349	3 970	256
G1 组　<500 元（N = 702）	439	210	1 129	1 887	2 249	787	4 849	887
G2 组　500 ~ 900 元（N = 773）	430	221	1 281	1 108	3 738	2 211	4 349	1 249
G3 组　900 ~ 1 300 元（N = 595）	421	235	1 487	1 383	4 523	2 929	4 032	2 072
G4 组　1 300 ~ 1 700 元（N = 488）	411	244	1 197	1 793	5 182	3 431	3 755	2 958
G5 组　1 700 ~ 2 100 元（N = 408）	399	251	1 073	2 419	5 511	3 901	3 523	3 295
G6 组　2 100 ~ 2 500 元（N = 286）	386	253	1 033	3 515	6 320	4 562	3 736	3 629
G7 组　2 500 ~ 2 900 元（N = 210）	402	273	1 084	4 441	6 195	4 566	3 267	4 665
G8 组　2 900 ~ 3 300 元（N = 139）	393	267	1 021	5 724	7 384	5 320	3 303	4 460
G9 组　3 300 ~ 3 700 元（N = 87）	399	272	1 180	5 987	8 315	6 102	3 792	4 364
G10 组　>3 700 元（N = 308）	405	267	1 360	26 765	11 296	8 359	2 833	5 121

表 3 - 1 的数据显示：随着农户人均纯收入水平的提高，在中低收入段农户的农业劳动时间下降得很快，非农业劳动时间上升得很快。大约在人均纯收入水平为 2 500 元时，非农劳动时间超过农业劳动时间；随着农户人均纯收入水平的提高，非农业固定资产上升很快，而农业固定资产却几乎没有什么变化。由此可看出 1994 年的农村有强烈的非农倾向；随着农户人均纯收入水平的提高，农户的农业纯收入也相应提高，而农业劳动投入却在减少。这意味着随着农户人均纯收入水平的提高，以短期投入资金替代农业劳动是农户的选择。在当时农业比较利益不高的情况下，农户将只能通过非农就业获得的纯收入来实现这种替代。因此，非农就业就成为农户提高收入水平、缓解

劳动力剩余的现实选择。

对农业生产函数的土地弹性 α 估算的计量方程为：

$$lnY = \alpha lnD + \beta lnL + \gamma lnK + \sum_{i=1}^{7} \delta_i d_i + \zeta \qquad (3.16)$$

其中 d_i（$i = 1, \cdots, 7$）为地区哑变量，Y 为农业收入（毛收入），D 为农户承包的土地面积，L 为农业劳动时间，根据农忙农闲的不同工作时间，按每天 8 小时工作折算为标准的一天劳动时间。K 为农户的农业固定资产加上当年的农业支出。ζ 为估计方程的常数项。

公式（3.16）的 OLS 回归结果如表 3 – 2 所示。

关于 h_1 和 h_2 的计算以及由此推算的农业劳动力剩余率（$1 - r$）等将在 3.2.2 节中计算。

表 3 – 2　对农业生产函数的 OSL 回归得到的土地弹性 α 值

	α 估计值	α 的 t – 统计值	回归方程的 $\overline{R^2}$ 值	回归方程 F – 值
全部样本	0.269 3	12 305 [*]	0.496 6	372 556 [*]
$G1$	0.217 8	5.585 [*]	0.492 1	66.596 [*]
$G2$	0.258 0	7.970 [*]	0.588 4	107.775 [*]
$G3$	0.377 4	9.755 [*]	0.594 9	83.827 [*]
$G4$	0.279 2	5.783 [*]	0.596 2	67.981 [*]
$G5$	0.347 3	6.432 [*]	0.581 2	54.153 [*]
$G6$	0.410 1	6.543 [*]	0.572 3	37.122 [*]
$G7$	0.328 9	3.983 [*]	0.584 6	28.018 [*]
$G8$	0.428 5	4.537 [*]	0.633 7	22.973 [*]
$G9$	0.326 1	2.647 [*]	0.680 4	17.607 [*]
$G10$	0.347 3	3.953 [*]	0.498 8	26.676 [*]

注：＊表示通过 $P < 0.001$ 的概率统计检验。

3.2.2　两部门经济系统方法

王红玲（1998）首先给出一个经济系统生产资源配置优化模型及能使该经济系统收入最大化的资金和劳动力配置均衡的必要条件，并以此为基础推导出一套关于农业劳动力剩余数量估算的公式。

一、模型的建立（注意与刘建进（1997）原文的不同之处）

假定一个经济系统，它由两个子系统构成，例如由农业和非农业两个部门（行业）构成，且假定农业和非农业部门生产函数采用柯布－道格拉斯型的，分别为：

$$Q_1 = A_1 \ (t) \ K_1^{\alpha_1} \ L_1^{\beta_1} D^{\gamma_1} e^{\varphi_d} \tag{3.17}$$

$$Q_2 = A_2 \ (t) \ K_2^{\alpha_2} \ L_2^{\beta_2} \tag{3.18}$$

其中 K_i、L_i（$i = 1,2$）为投入的资本和劳动，D 为耕地面积，d 为耕地灌溉率，α_i，β_i，γ_1 分别是资本、劳动和耕地的产出弹性，φ 是耕地灌溉率的系数，且：

$$\alpha_i = \frac{K_i}{Q_i} \frac{\partial Q_i}{\partial K_i}, \ \beta_i = \frac{L_i}{Q_i} \frac{\partial Q_i}{\partial L_i}, \ i=1,2, \ \gamma_1 = \frac{D}{Q_1} \frac{\partial Q_1}{\partial D}$$

假设劳动和资本的供给约束为：

$$L_1 = L_2 \quad K_1 + K_2 = K \tag{3.19}$$

则两个部门的纯收入分别为：

$$\left. \begin{aligned} \Pi_1 &= P_1 Q_1 - P_1^l L_1 - P_1^k K_1 - P_1^D D \\ \Pi_2 &= P_2 Q_2 - P_2^l L_2 - P_2^k K_2 \end{aligned} \right\} \tag{3.20}$$

其中 P_i 为第 i 部门的产品价格，P_i^l 和 P_i^k 分别为第 i 部门的单位劳动成本和单位资本成本，且 $P_i^k = 1 + r_i$ 这里 r_i 为利率，P_1^D 为单位耕地成本，$P_i Q_i$ 为第 i 部门的毛收入。

在这里，关于资本和劳动在全部门的合理配置就是使所有部门纯收入之和最大化，即：

$$\left. \begin{aligned} &max \ (\Pi_1 + \Pi_2) \\ &s.\ t. \quad L_1 + L_2 = L \\ &\qquad K_1 + K_2 = K \end{aligned} \right\} \tag{3.21}$$

二、资本和劳动配置均衡的必要条件

最优化问题（3.21）的拉格朗日函数为：

$$\ell = \Pi_1 + \Pi_2 + \lambda \ (L - L_1 - L_2) + \eta \ (K - K_1 - K_2) \tag{3.22}$$

其中 λ、η 分别为劳动和资本的拉格朗日乘子，该最优化问题的最优解满足一阶条件：

$$\frac{\partial \ell}{\partial L_i} = 0, \text{ 即：} P_1 \frac{\partial Q_1}{\partial L_1} - P_1^l - \lambda = 0, \quad P_2 \frac{\partial Q_2}{\partial L_2} - P_2^l - \lambda = 0$$

$$\frac{\partial \ell}{\partial K_i} = 0, \text{ 即：} P_1 \frac{\partial Q_1}{\partial K_1} - P_1^k - \eta = 0, \quad P_2 \frac{\partial Q_2}{\partial K_2} - P_2^k - \eta = 0 \qquad (3.23)$$

$$\frac{\partial \ell}{\partial D} = 0, \text{ 即：} P_1 \frac{\partial Q_1}{\partial D} - P_1^D = 0$$

再假定农业和非农业两个部门的生产函数满足规模收益不变，即表达式 (3.17) 和表达式 (3.18) 满足：

$$\alpha_1 + \beta_1 + \gamma_1 = 1, \qquad \alpha_2 + \beta_2 = 1$$

由公式 (3.17) 和公式 (3.18) 可得：

$$\alpha_i = \frac{K_i}{Q_i}\frac{\partial Q_i}{\partial K_i}, \quad \beta_i = \frac{L_i}{Q_i}\frac{\partial Q_i}{\partial L_i}, \quad i = 1, 2, \quad \gamma_1 = \frac{D}{Q_1}\frac{\partial Q_1}{\partial D}$$

则将其分别代入 $\alpha_1 + \beta_1 + \gamma_1 = 1$ 和 $\alpha_2 + \beta_2 = 1$，得：

$$Q_1 = K_1 \frac{\partial Q_1}{\partial K_1} + L_1 \frac{\partial Q_1}{\partial L_1} + D \frac{\partial Q_1}{\partial D}, \qquad Q_2 = K_2 \frac{\partial Q_2}{\partial K_2} + L_2 \frac{\partial Q_2}{\partial L_2}$$

用 L_1、K_1 和 D 分别乘以公式 (3.23) 中的第一行第一式、第二行第一式和第三行的公式，然后相加，并利用上面 Q_1 的表达式，得到：

$$\prod_1 = \lambda L_1 + \eta K_1$$

用 L_2 和 K_2 分别乘以公式 (3.23) 中的第一行第二式和第二行第二式，然后相加，得到：

$$\prod_2 = \lambda L_2 + \eta K_2$$

记 $I_1 = \prod_1 + P_1^D D$，即 $I_1 = P_1 Q_1 - P_1^l L_1 - P_1^k K_1$，表示农业部门不计耕地成本的农业收入。则由前面的等式 $\prod_1 = \lambda L_1 + \eta K_1$ 得到 $I_1 = \lambda L_1 + \eta K_1 + P_1^D D$，再将公式 (3.23) 中第三行的公式得到的 $P_1^D = P_1 \frac{\partial Q_1}{\partial D}$ 代入该式得到：

$$\frac{I_1}{L_1} - \frac{K_1}{L_1}\eta - P_1 \frac{D}{L_1}\frac{\partial Q_1}{\partial D} = \lambda$$

为使符号一致起见，记 $I_2 = \prod_2$，则由前面的等式 $\prod_2 = \lambda L_2 + \eta K_2$ 得到：

$$\frac{I_2}{L_1} - \frac{K_2}{L_2}\eta = \lambda$$

由此二式便得到：

$$\frac{I_1}{L_1} - \frac{K_1}{L_1}\eta - P_1 \frac{D}{L_1}\frac{\partial Q_1}{\partial D} = \lambda = \frac{I_2}{L_2} - \frac{K_2}{L_2}\eta \qquad (3.24)$$

公式（3.24）就是在资本和劳动配置均衡下必须满足的必要条件。（顺便指出，上述模型容易推广到 $i > 2$ 的情形。）

三、计算公式的简化

由公式（3.17）得知，土地边际生产率为 $\dfrac{\partial Q_1}{\partial D} = \gamma_1 \dfrac{Q_1}{D}$，且 $Y_1 = P_1 Q_1$ 为农业毛收入，则公式（3.24）可改成：

$$\frac{I_1}{L_1} = \frac{I_2}{L_2} + \gamma_1 \frac{Y_1}{L_1} - \left(\frac{K_2}{L_2} - \frac{K_1}{L_1} \right) \eta \tag{3.25}$$

公式（3.25）即可作为判断是否存在未得到合理配置的多余劳动力的检验条件，这种未得到合理配置的劳动力就是劳动力剩余。为简单计，记作为：

$$h_1 \overset{\triangle}{=} 1 + \gamma_1 \frac{\dfrac{Y_1}{L_1}}{\dfrac{I_2}{L_2}} - \frac{\eta \left(\dfrac{K_2}{L_2} - \dfrac{K_1}{L_1} \right)}{\dfrac{I_2}{L_2}} \tag{3.26}$$

$$h_1 \approx 1 + \gamma_1 \frac{\dfrac{Y_1}{L_1}}{\dfrac{I_2}{L_2}} \qquad （当 \eta \approx 0 时） \tag{3.27}$$

$$h_2 \overset{\triangle}{=} \frac{\dfrac{I_1}{L_1}}{\dfrac{I_2}{L_2}} \tag{3.28}$$

则公式（3.25）可简写成：

$$h_1 = h_2 \tag{3.29}$$

注意1998年中国的资本市场可以假定 $\eta \approx 0$。因为当时资金在中国是普遍短缺的，在农村也不例外。中国农村虽然在正规信贷市场受到限制，但是非正规市场却在不断地扩大规模，非正规市场上资金的利率一般远远高于正规信贷市场，并且对市场的需求状况反应灵敏。

只要生产利润足够高，付得起利息，还是可以根据自己的需要借贷到资金的。因此，约束条件 $K_1 + K_2 = K$ 可以去掉。

对于实际数据而言，首先按公式（3.26）或公式（3.27）、公式（3.28）计算 h_1 和 h_2 且分别记为 $\overline{h_1}$ 和 $\overline{h_2}$。当 $\overline{h_1} = \overline{h_2}$ 时，说明劳动力已得到合理配置；

而当$\overline{h_1} \neq \overline{h_2}$时，说明劳动力还未得到合理配置，即存在劳动力剩余（如果数据适当，则可对其进行统计检验）。

（1）$\overline{h_1} > \overline{h_2}$，意味着系统 1 即农业中存在劳动力剩余。

用φ_1表示在同样的生产环境下具有相同的农业收入而真正需要的农业劳动力数量（可理解为"农业必需劳动力"）占整个农业劳动力的比例，而$1 - \varphi_1$就是农业劳动力剩余占其农业劳动力的比例。假定农业劳动力剩余的边际农业收入为零，则使用劳动力数量$\varphi_1 L_1$必然具有相同的农业收入，且满足公式（3.29）中的（$h_1 = h_2$），即直接将$\varphi_1 L_1$作为L_1代入公式（3.29）中，也就是将$\varphi_1 L_1$作为L_1代入公式（3.25）中，可得到估计公式：

$$1 - \varphi_1 = \frac{\overline{h_1} - \overline{h_2}}{1 - \overline{\eta} \frac{\overline{K_2}}{\overline{I_2}}} \tag{3.30}$$

$$1 - \varphi_1 \approx \overline{h_1} - \overline{h_2} \quad (\text{当} \overline{\eta} \approx 0 \text{ 时}) \tag{3.31}$$

式中的$\overline{K_2}$，$\overline{I_2}$，$\overline{\eta}$表示在实际分析过程中的相应统计数据或依统计数据获得的相应估计值，其中$\overline{K_2}$为非农业部门投入资本K_2的统计数据，$\overline{I_2}$为非农业部门的纯收入$I_2 = \Pi_2$的统计数据，$\overline{\eta}$为资本的拉格朗日乘子的估计值。

这样，由于公式（3.30）和公式（3.31），关于劳动力的数量就被划分成了三部分，即：

$$L = \varphi_1 L_1 + (1 - \varphi_1) L_1 + L_2 \tag{3.32}$$

其中（$1 - \varphi$）L_1就为农业劳动力剩余的数量。根据表述与分析的需要，由上式还可定义为：

$$\varphi_{s1} = \frac{(1 - \varphi_1) L_1}{L} \tag{3.33}$$

（2）$\overline{h_1} < \overline{h_2}$，意味着子系统 2 中存在劳动力剩余。

同上面（1）中类似的推导，可导出相应的公式：

$$1 - \varphi_2 = 1 - \frac{\left(1 - \overline{\eta} \frac{\overline{K_2}}{\overline{I_2}}\right)}{1 + \overline{h_2} - \overline{h_1} - \overline{\eta} \frac{\overline{K_2}}{\overline{I_2}}} \tag{3.34}$$

$$1 - \varphi_2 \approx 1 - \frac{1}{1 + \overline{h}_2 - \overline{h}_1} \quad (\,\text{当}\ \overline{\eta} \approx 0\ \text{时})\tag{3.35}$$

$$1 - \varphi_2 \approx \overline{h}_2 - \overline{h}_1 \quad (\,\overline{\text{再当}}\ \overline{h}_2 - \overline{h}_1\ \text{较小时})\tag{3.36}$$

$$L = L_1 + \varphi_2 L_2 + (1 - \varphi_2)\,L_2\tag{3.37}$$

$$\varphi_{s2} = \frac{(1 - \varphi_2)\,L_2}{L}\tag{3.38}$$

按照刘易斯的二元经济论，公式（3.30）~公式（3.33）恰好适用于这种由"传统部门"（农业）和"现代部门"（工业）构成的二元经济系统中农业劳动力剩余规模的估算，在这样的经济系统中，理应不会出现 $\overline{h}_1 < \overline{h}_2$ 的状态，而这里导出的公式（3.30）~公式（3.38），同时还适用于由两个性质差异不大（甚至基本同质）的子系统［例如国营农场与乡村农业、"城镇工业"与乡镇工业，或者农业的不同区域（或领域），或者工业的不同部门（或行业）等。］构成的经济系统的有关劳动力剩余的判断与估算。

四、案例

沿用上一段的案例，我国劳动部 1994 年对 8 省共 3 996 个农户的经济行为进行了调查，同样将该数据按人均收入水平分为 10 组（孙友然等，2007）。据此有关数据，首先用回归分析对每组分别估算土地弹性 γ_1；按公式（3.27）和公式（3.28）估算 $\overline{h}_1$ 和 $\overline{h}_2$；再按公式（3.31）公式（3.33）估计 $1 - \varphi_1$、φ_{s1}，计算结果列于表 3-5 中。

表 3-5 中最后一列 φ_t 为各组中农业劳动力剩余数占全部样本中所有劳动力数的比例，其相加点值为 20.32%，即全部农户中约有 20.32% 的劳动力为农业劳动力剩余（按全部样本（不分组）直接估计仅为 17.35%，分组估计的结果可能更精确些），如果按此比例推算，全国 4.5 亿农业劳动力中约有 9 150 万的农业劳动力剩余。但实际数值比这要高，因为本调查样本中的农户的人均纯收入水平为 1 801 元，而 1994 年全国农民人均纯收入水平为 1 220 元。这可能是由本调查样本中低收入农户的比例偏低导致，而恰恰正是在这些低收入农户中农业劳动力剩余比例较大。

表 3 – 5 各样本组中的农业劳动力剩余估计

分组	变 量	$\overline{\gamma_1}$	$\overline{h_1}$	$\overline{h_2}$	$1 - \Phi_1(\%)$	Φ_{s1} (%)	Φ_t (%)
G1 组	< 500 元（$N = 702$）	0.217 8	1.004 4	0.350 9	65.36	55.25	9.76
G2 组	500 元 ~ 900 元（$N = 773$）	0.258 0	1.030 3	0.736 9	29.34	22.79	4.48
G3 组	900 元 ~ 1 300 元（$N = 595$）	0.377 4	1.106 0	0.891 4	21.46	14.17	2.15
G4 组	1 300 元 ~ 1 700 元（$N = 488$）	0.279 2	1.137 1	1.055 9	8.12	4.54	0.57
G5 组	1 700 元 ~ 2 100 元（$N = 408$）	0.347 4	1.247 6	1.165 0	8.26	4.27	0.45
G6 组	2 100 元 ~ 2 500 元（$N = 286$）	0.410 1	1.368 4	1.252 9	11.55	5.86	0.41
G7 组	2 500 元 ~ 2 900 元（$N = 210$）	0.318 9	1.496 2	1.436 4	5.98	2.46	0.13
G8 组	2 900 元 ~ 3 300 元（$N = 139$）	0.428 5	1.591 2	1.320 9	27.03	11.51	0.41
G9 组	3 300 元 ~ 3 700 元（$N = 87$）	0.326 1	1.223 2	0.820 1	40.31	18.72	0.42
G10 组	> 3 700 元（$N = 308$）	0.437 3	1.313 5	0.757 9	55.56	19.78	1.54
全部样本	（$N = 3\ 996$）	0.269 3	1.072 1	0.786 7	28.54	17.35	20.32

3.2.3 农业收益最大化计算法

赵秋成（2000）根据农业收益最大化原则得出农业部门的最优就业量，从而得出农业劳动力剩余和农业劳动力剩余率。

农业部门的生产函数为：

$$Q = A(t) K^\alpha L^\beta D^\gamma$$

这里，Q 表示农业部门的产品产量，$A(t)$ 为一定时期农业部门的技术水平，K 为农业部门的资本量，L 表示农业部门在该产量和生产条件下实际需要的劳动量（基准劳动力），D 为农用耕地面积，α、β、γ 为一定时期资本、劳动和耕地的弹性。这样，在上述农业部门生产函数的基础上，可以得到如下农业部门的收益函数为：

$$B = p \cdot Q - w \cdot L - p^K \cdot K - R \cdot D$$

其中，B 为净收益（即利润），p 表示农产品的平均价格，w 为农业部门从业者的平均工资（收入），p^K 为农业部门的资本价格，它等于 $1 + r$，r 为银行利息，R 为农用耕地单位面积地租。

要估价二元经济中农业劳动力的剩余情况，仅需对一定时期农业部门的收益函数中的变量 L 求一阶导数 $\frac{\partial B}{\partial L} = p \cdot \frac{\partial Q}{\partial L} - w$，并令其等于零：$\overline{P} \cdot \frac{\partial Q}{\partial L} - \overline{w} = 0$，

将农业部门的生产函数代入该式，得 $\bar{p} \cdot \beta \cdot A\ (t)\ \cdot K^{\alpha} \cdot L^{\beta-1} \cdot D^{\gamma} = \bar{w}$，于是得到农业部门收益最大化条件下的最优就业量，也就是农业劳动力需求量 L^*。

$$L^* = \beta \cdot \frac{\bar{p} \cdot Q}{w}$$

从而，农业劳动力剩余 L^s 和农业劳动力剩余率 R_L 分别为：

$$L^S = L - L^* = L - \beta \cdot \frac{\bar{p} \cdot Q}{w}$$

$$R_L = \frac{L^s}{L} = 1 - \beta \cdot \frac{\bar{p} \cdot Q}{w \cdot L} = 1 - \beta \cdot \frac{G}{W}$$

上述公式中，$G = \bar{p} \cdot Q$，表示一定时期农业部门的总产值，$W = \bar{w} \cdot L$ 表示农业部门从业者的劳动总收入（为活劳动收入）。

上述农业劳动力需求量公式和农业劳动力剩余率公式表明，一定时期农业经济系统的最优就业量与该部门的总产值（也可通过总产出和农产品平均价格体现）、劳动者人均报酬和该部门的劳动力需求弹性（Elasticity of Demand of Labor Force）有关。简而言之，实际上说明了一定工资水平 w 下，农业部门最大就业量 $L^M = \frac{G}{w}$（或称农业部门劳动力经济容量，Economic Capacity of Labor Force of Agriculture Branch）与农业劳动力最优就业量 L^*（即农业劳动力需求量）之间具有关系，即：

$$L^* = \beta \cdot L^M$$

这说明了劳动弹性在按一定时期最大就业量计算最优就业量中的重要性。

农业部门的劳动力剩余率 R_L，除与农业部门总产值 G、劳动者人均报酬 w 和劳动需求弹性 β 有关外，还与该部门的劳动力总量 L 有关。所以可以将农业劳动力剩余率公式写成：

$$R_L = 1 - \frac{L^M \cdot \beta}{L}$$

若 $R_L < 0$，则 $L < L^M \cdot \beta = L^*$，说明此时农业部门劳动力供给量低于最优就业量（劳动力需求量）。改变这种状况的办法通常有三种：①提高农业部门劳动者平均工资，以降低农业部门劳动力经济容量，同时吸引农业部门以外的劳动力进入本部门。②降低农业部门的劳动力需求弹性，这会使得资本弹性相对提高，从而该部门生产组合向资本密集型发展。③同时采用上述两种办法。

若 $R_L = 0$，则 $L = L^M \cdot \beta = L^*$，说明此时农业部门的劳动力供给量与最优就业量（劳动力需求量）持平。此时，农业部门劳动力市场在平均工资 w 的条件下，达到均衡。

若 $R_L > 0$，则 $L > L^M \cdot \beta = L^*$，说明此时农业部门劳动力供给超过该部门的最优就业量（劳动力需求量），即存在农业劳动力剩余。改变这种状况的办法有三种：①降低农业部门劳动者工资，这会在一定程度上导致农村生活水平下降，与我国社会生产目的相悖。②提高农业部门劳动力的需求弹性，实施劳动密集型生产组合，这可通过推广半机械化、半手工机械，对耕地的集约性经营和对农产品进行深加工，以增大农业部门劳动力经济容量等来实现。③发展小城镇，有步骤、分阶段地实行农业劳动力向城镇转移，或进行劳务输出。

收益最大化是整个社会的经济目标，但从"充分就业"和"兼顾公平"的角度考虑，在保证"效率优先"的前提下，尽量提高整个社会就业水平，也是非常重要的。事实证明，过分强调充分就业和普遍公平的结果往往是效率损失和全体社会劳动者的收入过低；但如果过分地强调效率，则整个社会就必然会有大量失业人口，这显然与社会发展目标有悖。因此，从全社会角度来看，以较少的效率损失换取相对较高的就业水平，应不失为社会经济发展的良策。研究证明，考虑"效率优先，兼顾公平"原则及"充分就业"原则的社会最优就业量应位于最大就业量与最大产出时的劳动力需求量之间，具体情况应视人们的偏好（是偏好效率还是偏好公平）而定。

3.2.4　农业生产总量最大化方法

国家统计局农调总队社区处（2002）指出，农村劳动力剩余具有以下特征：第一，农业劳动力剩余是我国农村劳动力剩余的主体。第二，农业劳动力富余主要表现为种植业劳动力剩余。第三，如果从劳动力与农业生产的相互关系看，农村劳动力剩余表现为新增农业劳动力边际产量为零。

众所周知，中国农村存在大量的农村劳动力剩余，不少专家学者对农村劳动力剩余的数量有不同的看法和估算方法，2002 年估算的数值从 4 000 多万到 2 亿多，相差甚远。本节介绍的测算农村劳动力剩余数量时，国家统计局农调总队社区处（2002）主要是这样考虑的：

农村劳动力剩余 = 农业劳动力数量 − 农业劳动力需要量

这是得到共识的。其中关键是计算农业劳动力需要量。前面已经指出农业劳动力剩余的一个重要经济学特征是边际劳动生产率为零，在这之后再增加的农业劳动力即为农村剩余的劳动力。

农业劳动力从事农业生产活动的生产函数为 $Q(D, L, K)$，其中 D、L、K 分别为农业劳动力从事农业生产所投入的土地、劳动力、资金。测算农业劳动力实际需要量，首先需要确定现有耕地在资源优化组合情况下，能够容纳多少劳动力，这一点既受农业生产条件（如农业机械化水平）的影响，也受复种指数、管理程度等生产要求限制。国家统计局农调总队社区处（2002）仅从柯布－道格拉斯生产函数出发，分析农业生产总量达到最大时，各生产要素（这里仅指劳动力与耕地）按最优配置所需要的劳动力数量，从而推算出农村劳动力剩余数量。

一、模型构造

采用柯布－道格拉斯生产函数为：

$$Y = A\, L^d\, K^{1-d}$$

两边取对数，即：

$$LnY = LnA + d\,LnL + (1-d)\,LnK$$

根据其经济特征，农业总产值的边际劳动生产率为零，通过计算多年的回归模型，发现 1978 年比较符合这一条件，即劳动力与耕地面积指数之和接近 1。回归结果如表 3-6 所示。

表 3-6　回归结果

统计项	统计结果
MultiPle　R	0.943 07
R　Square	0.889 38
标准误差	12.455 7
F	104.525 6
T　Stat	$X1 = 3.449\,4$　　$X2 = 9.357\,5$　　$IntercePt = 0.827\,3$
Coefficients	$X1 = 0.584\,7$　　$X2 = 0.337\,6$　　$IntercePt = 18.427\,3$

该模型通过各项统计检验，得到下面的农业总产值与农业劳动力、耕地面积的生产函数模型：

$$Y = 18.43\ \text{Land}^{0.6}\ \text{Lab}^{0.32}$$

其中：Y 为农业总产值，Land 为耕地面积，Lab 为农业劳动力需要数量。

二、实证分析

根据 1999 年农业总产值和耕地面积计算，可得到 1999 年实际需要农业劳动力 1.5 亿人，而同年农业劳动力数量为 3.2 亿人，因此，1999 年我国农业劳动力剩余 1.7 亿人。我国农业劳动力剩余数量多，但由于各地经济发展水平差异较大，因而农业劳动力剩余数量也有所差别。通过应用 Cobb – Douglass 生产函数分析各区域农业劳动力富余情况，发现经济发展水平与农村劳动力剩余数量呈反比，即经济发展水平越高的地区，农村劳动力剩余越少；相反，经济发展水平越低的地区，农村劳动力剩余越多。中西部地区，经济发展水平较低，农业经济占整个国民经济比重较高，农业从业人员比重也较高，农业劳动力从事非农劳动的机会就比较少，农业劳动力得不到充分利用，因而农业劳动力剩余较多，中部地区为 9 058 万人，西部地区为 7 798 万人，其中：安徽、河南、湖南、广西、四川、贵州都有超过千万的农业劳动力剩余，东部地区经济发展较快，农业经济占整个国民经济比重较低，农业从业人员比例也较低，农业劳动力从事非农劳动的机会就比较多，农业劳动力尽管可以充分利用，但是因为这些地区从事农业生产比较效益低，农业劳动力不愿意从事农业生产，大量农业劳动力从事其他非农产业，因此农业劳动力不仅剩余很少，甚至还需要外来劳动力从事农业生产活动，其中：福建还需要2 500 万人，广东还需要 1 700 多万人。

农村劳动力剩余的转移，国家统计局农调总队社区处（2002）指出，其转移行为一般要受到三个方面因素的影响：一是经济因素，二是资源因素，三是农村经济以及整个国民经济发展的状况。

3.2.5　农户组群方法

喻葵等（2003）基于农户和农户组群概念，从一般生产函数出发，按照利润最大化原则，导出了农村劳动力剩余数量的测算公式，并给出了该方法的统计测算步骤。

一、生产资源配置优化模型

农户是指独立核算农业收入的个体，可以是家庭、若干个家庭联合承包组、合作社，或者是租用土地的企业。农户除经营农业外，也可以经营林牧副渔等业，但主要特征是使用了农耕土地。一个农户组群是指由办有集体经济的若干个农户所组成的整体。组群内的农业经济由各农户集体负责，所以集体经济均为非农业经济。集体经济的劳动和资本均由组群内的农户供给，若有多余，自动返回相应农户；集体经济假设不占用土地（即使占用了土地，但其数量很少，可以忽略不计）。

为简单计，设农户组群（以下简称为组群）的农业和非农业经济部门都只有一种产品（多种产品可组合成一种"综合"产品）产量分别记为 x_1 和 x_2。该组群由 n 户农户组成，第 j 户农户的农业经济部门的产出量为 x_{1j}，j = 1，2，…，n。用 L、K 和 D 分别表示向经济部门投入劳动、资本和土地的数量，下标"1j"表示第 j 户农户投入农业的相关数量，下标"1"和"2"分别表示组群投入农业和非农业经济部门的相关数量。

农户的农业生产函数为：

$$x_{1j} = x_{1j}(L_{1j}, K_{1j}, D_{1j}), \quad j = 1, 2, \cdots, n$$

组群的农业和非农业部门的生产函数分别为：

$$x_1 = x_1(L_1, K_1, D_1)$$

$$x_2 = x_2(L_2, K_2)$$

显然有：

$$x_1 = \sum_{j=1}^{n} x_{1j}, \quad L_1 = \sum_{j=1}^{n} L_{1j}, \quad K_1 = \sum_{j=1}^{n} K_{1j}, \quad D_1 = \sum_{j=1}^{n} D_{1j}$$

若农业和非农业经济部门均规模报酬不变，所以假设所有生产函数都是可微的一阶齐次函数，于是由欧拉定理（Sydsaeter 等，2001）得：

$$x_{1j} = L_{1j}\frac{\partial x_{1j}}{\partial L_{1j}} + K_{1j}\frac{\partial x_{1j}}{\partial K_{1j}} + D_{1j}\frac{\partial x_{1j}}{\partial D_{1j}}, \quad j = 1, 2, \cdots, n \quad (3.39)$$

$$x_1 = L_1\frac{\partial x_1}{\partial L_1} + K_1\frac{\partial x_1}{\partial K_1} + D_1\frac{\partial x_1}{\partial D_1} \quad (3.40)$$

$$x_2 = L_2\frac{\partial x_2}{\partial L_2} + K_2\frac{\partial x_2}{\partial K_2} \quad (3.41)$$

在公式（3.40）和公式（3.41）中分别除以 x_1 和 x_2，得：

$$\varepsilon_{1L} + \varepsilon_{1K} + \varepsilon_{1D} = 1 \quad (3.42)$$

$$\varepsilon_{2L} + \varepsilon_{2K} = 1 \quad (3.43)$$

这里 $\varepsilon_{1L} = \frac{L_1}{x_1}\frac{\partial x_1}{\partial L_1}$、$\varepsilon_{1K} = \frac{K_1}{x_1}\frac{\partial x_1}{\partial K_1}$ 和 $\varepsilon_{1D} = \frac{D_1}{x_1}\frac{\partial x_1}{\partial D_1}$ 分别为组群农业的劳动产出

弹性、资本产出弹性和土地产出弹性，$\varepsilon_{2L} = \frac{L_2}{x_2}\frac{\partial x_2}{\partial L_2}$ 和 $\varepsilon_{2K} = \frac{K_2}{x_2}\frac{\partial x_2}{\partial K_2}$ 分别为组群非

农业的劳动产出弹性和资本产出弹性。

设农业和非农业经济部门的单位产出价值分别为 P_1 和 P_2，劳动的单位成本分别为 w_1 和 w_2，资本的单位成本分别为 r_1 和 r_2，土地的单位成本为 s_1。又用 R、C 和 π 分别表示收入、成本和利润，下标意义同前，得：

$$R_{1j} = P_1 x_{1j}, \ C_{1j} = w_1 L_{1j} + r_1 K_{1j} + s_1 D_{1j}, \ \pi_{1j} = R_{1j} - C_{1j}, \ j=1, 2, \cdots n;$$

$$R_1 = P_1 x_1, \ C_1 = w_1 L_1 + r_1 K_1 + s_1 D_1, \ \pi_1 = R_1 - C_1,$$

$$R_1 = \sum_{j=1}^{n} R_{1j}, \ C_1 = \sum_{j=1}^{n} C_{1j}, \ \pi_1 = \sum_{j=1}^{n} \pi_{1j};$$

$$R_2 = P_2 x_2, \ C_2 = w_2 L_2 + r_2 K_2, \ \pi_2 = R_2 - C_2 \circ$$

组群的资源配置优化问题为：

$$\max \pi = \pi_1 + \pi_2$$

$$s.t. \begin{cases} L_1 + L_2 \leqslant l_0, \\ K_1 + K_2 \leqslant k_0, \\ D_1 \leqslant d_0, \\ L_{1j} > 0, \ K_{1j} > 0, \ D_{1j} > 0, \ j=1, 2, \cdots, n, \\ L_1 > 0, \ K_1 > 0, \ D_1 > 0, \ L_2 \geqslant 0, \ K_2 \geqslant 0. \end{cases}$$

这里 l_0，k_0，d_0 分别为组群内劳动、资本和土地的总量。

根据 Kuhn – Tucker 定理（潘吉勋，1989），存在 $\lambda > 0$，$\mu > 0$，$\eta > 0$，满足：

$$p_1 \frac{\partial x_{1j}}{\partial L_{1j}} - w_1 = \lambda, \ j=1, 2, \cdots, n \tag{3.44}$$

$$p_1 \frac{\partial x_{1j}}{\partial K_{1j}} - r_1 = \mu, \ j=1, 2, \cdots, n \tag{3.45}$$

$$p_1 \frac{\partial x_{1j}}{\partial D_{1j}} - s_1 = \eta, \ j=1, 2, \cdots, n \tag{3.46}$$

$$p_1 \frac{\partial x_1}{\partial L_1} - w_1 = \lambda \tag{3.47}$$

$$p_1 \frac{\partial x_1}{\partial K_1} - r_1 = \mu \tag{3.48}$$

$$p_1 \frac{\partial x_1}{\partial D_1} - s_1 = \eta \tag{3.49}$$

当 $L_2 > 0$ 时，$p_2 \frac{\partial x_2}{\partial L_2} - w_2 = \lambda \tag{3.50}$

$$\text{当 } K_2 > 0 \text{ 时, } p_2 \frac{\partial x_2}{\partial K_2} - r_2 = \mu \qquad (3.51)$$

这一系列的关系式的经济意义是，在组群的劳动、资本和土地数量有限的条件约束下，组群利润最大化分别与各农户农业利润最大化、组群农业利润最大化和组群非农业利润最大化都是一致的。

特别，当组群有非农业劳动投入，即 $L_2 > 0$ 时，有：

$$p_1 \frac{\partial x_{1j}}{\partial L_{1j}} - w_1 = \frac{\partial R_{1j}}{\partial L_{1j}} - w_1$$

$$= p_1 \frac{\partial x_1}{\partial L_1} - w_1 = \frac{\partial R_1}{\partial L_1} - w_1$$

$$= p_2 \frac{\partial x_2}{\partial L_2} - w_2 = \frac{\partial R_2}{\partial L_2} - w_2 = \lambda$$

当组群有非农业资本投入，即 $K_2 > 0$ 时，有：

$$p_1 \frac{\partial x_{1j}}{\partial K_{1j}} - r_1 = \frac{\partial R_{1j}}{\partial K_{1j}} - r_1$$

$$= p_1 \frac{\partial x_1}{\partial K_1} - r_1 = \frac{\partial R_1}{\partial K_1} - r_1$$

$$= p_2 \frac{\partial x_2}{\partial K_2} - r_2 = \frac{\partial R_2}{\partial K_2} - r_2 = \mu$$

对土地有：

$$p_1 \frac{\partial x_{1j}}{\partial D_{1j}} - s_1 = \frac{\partial R_{1j}}{\partial D_{1j}} - s_1$$

$$= p_1 \frac{\partial x_1}{\partial D_1} - s_1 = \frac{\partial R_1}{\partial D_1} - s_1 = \eta$$

这三串等式的经济意义是，在组群利润最大化时的农业和非农业的劳动与资本投入量及农业的土地投入量（统称为最优投入量）上，任何一个农户再投入单位劳动到农业所增加的利润（增加的收入抵消掉成本，即边际收入减去单位成本）与组群再投入单位劳动到农业所增加的利润相等，也与组群再投入单位劳动到非农业所增加的利润相等，且等于拉格朗日乘数 λ，即单位劳动的影子价值；任何一个农户再投入单位资本到农业所增加的利润（增加的收入抵消掉成本，即边际收入减去单位成本）与组群再投入单位资本到农业所增加的利润相等，也与组群再投入单位资本到非农业所增加的利润相等，且等于拉格朗日乘数 μ，即单位资本的影子价值；任何一个农户再投入单位土地到农业所增加的利润（增加的收入抵消掉成本，即边际收入减去单位成本）与组群再投入单位土地到农业所增加的利润相等，且等于拉格朗日乘数 η，即单位土地的影子价值。

在公式（3.39）两端乘以 p_1 后，将公式（3.44）、公式（3.45）和公式（3.46）代入其中得：

$$\pi_{1j} = \lambda L_{1j} + \mu K_{1j} + \eta D_{1j}, \; j = 1, \; 2, \; \cdots, \; n \qquad (3.52)$$

在公式（3.40）两端乘以 p_1 后，将公式（3.47）、公式（3.48）和公式（3.49）代入其中得：

$$\pi_1 = \lambda L_1 + \mu K_1 + \eta D_1 \qquad (3.53)$$

在公式（3.41）两端乘以 p_2 后，将公式（3.50）和公式（3.51）代入其中得：

$$\pi_2 = \lambda L_2 + \mu K_2, \; L_2 > 0, \; K_2 > 0 \qquad (3.54)$$

这三个等式的经济意义是明显的，在最优投入量上，任何一个农户的农业利润恰为该农户投入农业的劳动、资本和土地的影子价值之和；组群的农业利润恰为组群投入农业的劳动、资本和土地的影子价值之和；组群的非农业利润恰为组群投入非农业的劳动和资本的影子价值之和。

联立公式（3.53）和公式（3.54）消去参数 λ 得：

$$\frac{\pi_1}{L_1} - \mu \frac{K_1}{L_1} - \eta \frac{D_1}{L_1} = \frac{\pi_2}{L_2} - \mu \frac{K_2}{L_2}$$

再将公式（3.48）和公式（3.49）中的 μ 和 η 代入上式左端，将公式（3.51）中的 μ 代入上式右端，得：

$$\frac{\pi_1}{L_1} - \left(p_1 \frac{\partial x_1}{\partial K_1} - r_1 \right) \frac{K_1}{L_1} - \left(p_1 \frac{\partial x_1}{\partial D_1} - s_1 \right) \frac{D_1}{L_1} = \frac{\pi_2}{L_2} - \left(p_2 \frac{\partial x_2}{\partial K_2} - r_2 \right) \frac{K_2}{L_2}$$

注意到 $\pi_1 = R_1 - (w_1 L_1 + r_1 K_1 + s_1 D_1)$、$\pi_2 = R_2 - (w_2 L_2 + r_2 K_2)$、$R_1 = P_1 x_1$、$R_2 = P_2 x_2$ 及联系公式（3.42）和公式（3.43），可将上式改写为：

$$(1 - \varepsilon_{1K} - \varepsilon_{1D}) \frac{R_1}{L_1} = (1 - \varepsilon_{2K}) \frac{R_2}{L_2} + (w_1 - w_2)$$

或

$$\varepsilon_{1L} \frac{R_1}{L_1} = \varepsilon_{2L} \frac{R_2}{L_2} + (w_1 - w_2)$$

该式是由最优投入量满足的必要条件公式（3.47）、公式（3.48）、公式（3.49）和公式（3.50）、公式（3.51）组合导出的，当生产函数还是正则拟凹时（舒尔茨，1999），它也是充分条件。

由公式（3.47）、公式（3.48）和公式（3.49）可知，该式两端均不为零，所以得：

$$\frac{\varepsilon_{1L}\dfrac{R_1}{L_1}}{\varepsilon_{2L}\dfrac{R_2}{L_2}+(w_1-w_2)}=1 \tag{3.55}$$

二、农村劳动力剩余数量的测算

很显然，当满足公式（3.55）的最优劳动投入量 L_1 和 L_2 满足 $L_1+L_2<L_0$ 时，农村存在劳动力剩余，且理论上的农村劳动力剩余数量为：

$$L_3=L_0-L_1-L_2 \tag{3.56}$$

为测算农村劳动力剩余数量，取相应经济量的统计量 $\overline{L_1}$、$\overline{K_1}$、$\overline{D_1}$、$\overline{L_2}$、$\overline{K_2}$、$\overline{R_1}$、$\overline{R_2}$、$\overline{w_1}$、$\overline{w_2}$，记：

$$h=\frac{\varepsilon_{1L}\dfrac{\overline{R_1}}{\overline{L_1}}}{\varepsilon_{2L}\dfrac{\overline{R_2}}{\overline{L_2}}+(\overline{w_1}-\overline{w_2})} \tag{3.57}$$

由于从经济意义可以认为：

$$\overline{D_1}=D_1,\ \overline{R_1}=R_1,\ \overline{R_2}=R_2,\ \overline{w_1}=w_1,\ \overline{w_2}=w_2,\ \overline{L_1}+\overline{L_2}=L_0,\ \overline{L_2}\approx L_2$$

从而 $\overline{L_1}\approx L_1+L_3$，并利用公式（3.55）得：

$$h\approx\frac{\varepsilon_{1L}\dfrac{R_1}{L_1+L_3}}{\varepsilon_{2L}\dfrac{R_2}{L_2}+(w_1-w_2)}\approx\frac{L_1}{L_1+L_3}$$

当 $0<h\leq1$，$L_1\approx h\overline{L_1}$，$L_3\approx(1-h)\overline{L_1}$，所以，当 $h\approx1$ 时，可以认为农村劳动力无剩余；当 $0<h<1$ 时，可以认为农村劳动力有剩余，且农村劳动力剩余的数量为：

$$L_3=(1-h)\overline{L_1} \tag{3.58}$$

农村劳动力剩余数量占农村劳动力总数量的比重为：

$$\varphi=\frac{L_3}{L_0}\approx\frac{(1-h)\overline{L_1}}{\overline{L_1}+\overline{L_2}}=\overline{\varphi} \tag{3.59}$$

在测算中，只要利用统计数据，应用回归分析得估算值 $\overline{\varepsilon_{1L}}$ 和 $\overline{\varepsilon_{2L}}$，可以认为 $\overline{\varepsilon_{1L}}\approx\varepsilon_{1L}$ 和 $\overline{\varepsilon_{2L}}\approx\varepsilon_{2L}$，$\dfrac{\overline{R_1}}{\overline{L_1}}$ 和 $\dfrac{\overline{R_2}}{\overline{L_2}}$ 实际上分别是单位劳动的农业收入和

非农业收入，可以一次性统计。

在这个模型中，若以一个乡（镇）作为这里的组群的构成，则测算的农村劳动力剩余数量和农村劳动力剩余数量占农村劳动力总数量的比重就是该乡（镇）的农村劳动力剩余数量和该乡（镇）的农村劳动力剩余数量占该乡（镇）劳动力总数量的比重，而且是据于当时统计数据得到的，即当时乡（镇）中的全部劳动力数量（L_0）中，除去当时技术水平条件下仍在农业部门的最优投入量（L_1）和在乡（镇）中非农业部门的最优投入量（L_2）后的剩余部分（$L_3 = L_0 - L_1 - L_2$）。这里要注意的是，L_0 不包括已经离开该乡（镇）的农村劳动力人数（L_4）。因此若以户籍为依据进行统计的话，则农村劳动力剩余数量应在 L_3 的基础上加上这部分 L_4。若以一个县（市）或省（市）作为这里的组群的构成，则测算的结果便是这个县（市）或省（市）的，不过需注意的是只针对农村劳动力进行统计和分析。需要指出的是，所论及的乡（镇）、县（市）或省（市）都应是劳动力输出的；否则，若是劳动力输入的，则约束条件"$L_1 + L_2 \leq L_0$"就必须改为"$L_1 + L_2 \geq L_0$"，于是后面有些表达式都要作相应改动。由于不在本书论及范围内，故略去不详述。

三、案例

沿用前面的实例，我国劳动部 1994 年对 8 省共 3 996 个农户的经济行为进行了调查（刘建进，1997），为进行有效分析，也为了使问题简化，将根据当时我国大陆地区的实际，增加一些假设。

首先，在 20 世纪 90 年代初期，在中国大陆地区，资金是普遍短缺的，在农村也不例外，但是中国农村虽然在正规信贷市场受到限制，而非正规市场却在不断地扩大规模，非正规市场上资金的利率一般远远高于正规信贷市场，并且对市场的需求状况反应灵敏。只要生产利润足够高，付得起利息，还是可以根据自己的需要借贷到资金的（王红玲，1998；赵秋成，2000）。因此可以假设：拉格朗日乘数 $\mu = 0$，由公式（3.48）和公式（3.49）得 $p_1 \dfrac{\partial x_1}{\partial K_1} - r_1 = 0$，$p_2 \dfrac{\partial x_2}{\partial K_2} - r_2 = 0$。从而

$$\frac{K_1}{x_1}\frac{\partial x_1}{\partial K_1} = \frac{r_1 K_1}{p_1 x_1}, \quad \frac{K_2}{x_2}\frac{\partial x_2}{\partial K_2} = \frac{r_2 K_2}{P_2 x_2}, \quad 即\ \varepsilon_{1K} = \frac{r_1 K_1}{p_1 x_1}, \quad \varepsilon_{2K} = \frac{r_2 K_2}{p_2 x_2}。$$

其次，在 20 世纪 90 年代初期，根据中国大陆地区的农村土地政策，可

以假设 $s_1 = 0$，于是 $\pi_1 = R_1 - C_1 = P_1 x_1 - w_1 L_1 - r_1 K_1$。据此，劳动力剩余指数由公式（3.57）得：

$$h = \cfrac{\varepsilon_{1L} \cfrac{\overline{R_1}}{\overline{L_1}}}{\varepsilon_{2L} \cfrac{\overline{R_2}}{\overline{L_2}} + (\overline{w_1} - \overline{w_2})} = \cfrac{\cfrac{\overline{\pi_1}}{\overline{L_1}} - \varepsilon_{1D} \cfrac{\overline{R_1}}{\overline{L_1}} + \overline{w_1}}{\cfrac{\overline{\pi_2}}{\overline{L_2}} + \overline{w_1}}$$

所以，在这些新的假设下，劳动力剩余指数由下式估算：

$$h = \cfrac{\cfrac{\overline{\pi_1}}{\overline{L_1}} - \varepsilon_{1D} \cfrac{\overline{R_1}}{\overline{L_1}} + \overline{w_1}}{\cfrac{\overline{\pi_2}}{\overline{L_2}} + \overline{w_1}} \qquad (3.60)$$

现将我国劳动部 1994 年对 8 省共 3 996 个农户的经济行为进行的调查数据，按人均收入水平分为 10 组（孙友然等，2007；王玲等，2004）。

首先，根据有关数据，用回归分析法对每组分别估算农业产出的土地弹性 ε_{1D}（王红玲，1998），而后按公式（3.60）估算劳动力剩余指数 h。计算结果如表 3-7 所示。

表 3-7　各样本组中的劳动力剩余指数估计

分组变量	ε_{1D}（农业产出的土地弹性）	$\overline{\pi_1}$(农业纯收入)（元）	$\overline{\pi_2}$(非农业纯收入)（元）	$\overline{R_1}$（农业毛收入)（元）	$r_1 K_1$(农业固定资产)（元）	$\overline{w_1}$（单位农业劳动成本)（元）	$\overline{L_1}$(农业劳动投入量)（人年）	$\overline{L_1}$(非农业劳动投入量)（人年）	h
G1 组 <500 元 （n = 702）	0.217 8	787	235	2 249	1 129	256.2	1.3	0.2	0.338 5
G2 组 500 元 ~ 900 元 （n = 773）	0.258 0	2 211	777	3 738	1 281	205.0	1.2	0.3	0.445 0
G7 组 2 500 元 ~ 2 900 元 （n = 210）	0.328 9	4 566	6 305	6 195	1 084	545.0	1.0	1.3	0.569 7

分组变量	ε_{1D}（农业产出的土地弹性）	$\overline{\pi_1}$（农业纯收入）（元）	$\overline{\pi_2}$（非农业纯收入）（元）	$\overline{R_1}$（农业毛收入）(元)	$\overline{r_1 K_1}$（农业固定资产）（元）	$\overline{w_1}$（单位农业劳动成本）(元)	$\overline{L_1}$（农业劳动投入量）（人年）	$\overline{L_1}$（非农业劳动投入量）（人年）	h
$G3$ 组 900 元 ~ 1 300 元 （n = 595）	0.377 4	2 929	1 720	4 523	1 487	97.3	1.1	0.6	0.445 1
$G4$ 组 1 300 元 ~ 1 700 元 （n = 488）	0.279 2	3 431	2 696	5 182	1 197	554.0	1.0	0.8	0.646 8
$G5$ 组 1 700 元 ~ 2 100 元 （n = 408）	0.347 4	3 901	3 748	5 511	1 073	537.0	1.0	0.9	0.538 7
$G6$ 组 2 100 元 ~ 2 500 元 （n = 286）	0.410 1	4 562	4 383	6 320	1 033	725.0	1.0	1.0	0.520 3
$G8$ 组 2 900 元 ~ 3 300 元 （n = 139）	0.428 5	5 320	6 711	7 384	1 021	1 158.9	0.9	1.2	0.526 5
$G9$ 组 3 300 元 ~ 3 700 元 （n = 87）	0.326 1	6 102	7 766	8 315	1 180	1 597.3	1.1	1.2	0.420 2
$G10$ 组 > 3 700 元 （n = 308）	0.437 3	8 359	22 600	11 296	1 360	1 971.1	0.8	1.4	0.132 4

数据资料来源：刘建进，"一个农户劳动力模型及有关剩余劳动力的实证研究"中的部分数据（刘建进，1997）并经过整理运算。变量栏中括弧中的名词基本上是刘建进文中的。

由此，如表 3 - 8 所示。

表 3 - 8　各样本组中的劳动力剩余指数估计：按 $(1-h)\%$ 计算

组别	G1	G2	G3	G4	G5	G6	G7	G8	G9	G10
$(1-h)\%$	66.15	55.50	55.49	35.32	46.13	47.97	43.03	47.35	57.98	86.76

这与刘建进（1997）所得结果及王红玲（1998）所得结果都不相同，原因是劳动力剩余指数的估计公式不完全相同。这里所得公式统统是推导得来的，无疑是科学的、精确的。

3.2.6　农民追求收益最大化方法

王检贵等（2005）建立的模型将农民视作追求收益最大化的经济主体，合理的农业劳动力投入数量应该是在均衡条件下，农民对农业部门的合理的劳动力投入水平。农业部门实际就业水平超过这一数量的部分就构成了劳动力剩余。

一、模型的建立

假设农户拥有资本 K 和劳动 L，其使用成本分别为 P^K 和 P^L，经济中存在农业部门 1 和非农业部门 2，假定两部门生产函数都是柯布 - 道格拉斯型的，即：

$$\left.\begin{aligned} Q_1 &= A_1 K_1{}^{\alpha 1} L_1{}^{\beta 1} D^{\gamma 1} e^{\varphi d} \\ Q_2 &= A_2 K_2{}^{\alpha 2} L_2{}^{\beta 2} \end{aligned}\right\} \tag{3.61}$$

且满足规模报酬不变，从而满足欧拉方程：

$$\left.\begin{aligned} Q_1 &= K_1 \frac{\partial Q_1}{\partial K_1} + L_1 \frac{\partial Q_1}{\partial L_1} + D \frac{\partial Q_1}{\partial D} \\ Q_2 &= K_2 \frac{\partial Q_2}{\partial K_2} + L_2 \frac{\partial Q_2}{\partial L_2} \end{aligned}\right\} 王检贵等（2005）中，$$

相应的两个表达式都有误。 $\tag{3.62}$

为了收益最大化，农户在两部门间优化资源配置（孙友然等，2007）：

$$\left.\begin{aligned} \max_{L_1, L_2, K_1, K_2} \pi &= \pi_1 + \pi_2 = (P_1 Q_1 - P_1{}^L L_1 - P_1{}^K K_1 - RD) + (P_2 Q_2 - P_2^L L_2 - P_2^K K_2) \\ s.t. \quad K_1 + K_2 &= K \\ L_1 + L_2 &= L \end{aligned}\right\}$$

其中 $\pi_1 = P_1Q_1 - P_1^L L_1 - P_1^k K_1 - RD$，$\pi_2 = P_2Q_2 - P_2^L L_2 - P_2^k K_2$ 分别为农业部门和非农业部门的利润。

构建拉格朗日函数：

$l = (P_1Q_1 - P_1^{\ L}L_1 - P_1^{\ K}K_1 - RD) + (P_2Q_2 - P_2^{\ L}L_2 - P_2^{\ K}K_2) + \lambda (L - L_1 - L_2) + \eta (K - K_1 - K_2)$

由一阶必要条件，$\dfrac{\partial l}{\partial L_1} = 0$、$\dfrac{\partial l}{\partial K_1} = 0$、$\dfrac{\partial l}{\partial L_2} = 0$、$\dfrac{\partial l}{\partial K_2} = 0$ 得：

$$\left. \begin{array}{l} P_1 \dfrac{\partial Q_1}{\partial L_1} - P_1^L = \lambda \\[3mm] P_1 \dfrac{\partial Q_1}{\partial K_1} - P_1^K = \eta \\[3mm] P_2 \dfrac{\partial Q_2}{\partial L_2} - P_2^L = \lambda \\[3mm] P_2 \dfrac{\partial Q_2}{\partial K_2} - P_2^K = \eta \end{array} \right\} \qquad (3.63)$$

由公式（3.62）第一式得 $\dfrac{\partial Q_1}{\partial L_1} = \dfrac{Q_1}{L_1} - \dfrac{K_1}{L_1}\dfrac{\partial Q_1}{\partial K_1} - \dfrac{D}{L_1}\dfrac{\partial Q_1}{\partial D}$，又由公式（3.63）中第二式解出 $\dfrac{\partial Q_1}{\partial K_1} = \dfrac{P_1^K}{P_1} + \dfrac{\eta}{P_1}$，将其代入上式得：

$\dfrac{\partial Q_1}{\partial L_1} = \dfrac{Q_1}{L_1} - \dfrac{K_1}{L_1}\left(\dfrac{P_1^k}{P_1} + \dfrac{\eta}{P_1}\right) - \dfrac{D}{L_1}\dfrac{\partial Q_1}{\partial D}$，再将该式代入公式（3.63）中第一式得：

$$\dfrac{P_1Q_1}{L_1} - \dfrac{K_1 P_1^{\ K}}{L_1} - \eta\dfrac{K_1}{L_1} - P_1\dfrac{D}{L_1}\dfrac{\partial Q_1}{\partial D} - P_1^{\ L} = \lambda \qquad (3.64)$$

同上，由公式（3.62）第二式得 $\dfrac{\partial Q_2}{\partial L_2} = \dfrac{Q_2}{L_2} - \dfrac{K_2}{L_2}\dfrac{\partial Q_2}{\partial K_2}$，又由公式（3.63）中第四式解出 $\dfrac{\partial Q_2}{\partial K_2}$ 代入上式得：$\dfrac{\partial Q_2}{\partial L_2} = \dfrac{Q_2}{L_2} - \dfrac{K_2}{L_2}\left(\dfrac{P_2^K}{P_2} + \dfrac{\eta}{P_1}\right)$，再将其代入公式（3.63）中第三式得：

$$\dfrac{P_2Q_2}{L_2} - \dfrac{K_2 P_2^{\ K}}{L_2} - \eta\dfrac{K_2}{L_2} - P_2^{\ L} = \lambda \qquad (3.65)$$

由公式（3.64）和公式（3.65）得：

$$\frac{P_1 Q_1}{L_1} - \frac{P_1^K K_1}{L_1} - \eta \frac{K_1}{L_1} - P_1 \frac{D}{L_1} \frac{\partial Q_1}{\partial D} - P_1^L = \frac{P_2 Q_2}{L_2} - \frac{P_2^K K_2}{L_2} - \eta \frac{K_2}{L_2} - P_2^L \qquad (3.66)$$

再利用公式（3.61）中的第一式得 $\dfrac{\partial Q_1}{\partial D} = \gamma_1 \dfrac{Q_1}{D}$，并将此式代入公式

（3.66），得：

$$\frac{P_1 Q_1}{L_1} - \frac{K_1 P_1^K}{L_1} - \eta \frac{K_1}{L_1} - \gamma_1 \frac{P_1 Q_1}{L_1} - P_1^L = \frac{P_2 Q_2}{L_2} - \frac{P_2^K K_2}{L_2} - \eta \frac{K_2}{L_2} - P_2^L$$

记 $Y_1 = P_1 Q_1$，$I_1 = P_1 Q_1 - P_1^L L_1 - P_1^K K_1$，和 $I_2 = P_2 Q_2 - P_2^L L_2 - P_2^K K_2$ 于是

上式可改写为：

$$\frac{I_1}{L_1} = \frac{I_2}{L_2} + \gamma_1 \frac{Y_1}{L_1} + \eta \left(\frac{K_1}{L_1} - \frac{K_2}{L_2} \right) \qquad (3.67)$$

记 $h_1 = 1 + \gamma_1 \cdot \dfrac{\dfrac{Y_1}{L_1}}{\dfrac{I_2}{L_2}} + \eta \cdot \dfrac{\dfrac{K_1}{L_1} - \dfrac{K_2}{L_2}}{\dfrac{I_2}{L_2}}$，$h_2 = \dfrac{\dfrac{I_1}{L_1}}{\dfrac{I_2}{L_2}}$，则公式（3.67）可简写为：

$$h_2 = h_1 \qquad (3.68)$$

这就是农户收益最大化的最优资源配置必要条件。

进一步假设，在 2005 年我国农村特有的金融市场条件下，可以忽略资金的约束条件（孙友然等，2007），即将 η 简化为零：$\eta \approx 0$，则：

$$h_1 = 1 + \gamma_1 \cdot \frac{\dfrac{Y_1}{L_1}}{\dfrac{I_2}{L_2}}$$

从经济意义上说，其中 I_1 和 I_2 分别是指在不计土地成本条件下的农业部门的利润和非农业部门的利润，L_1 和 L_2 分别是指分配于农业和非农业部门的劳动力总数，Y_1 是指农业部门的产出，γ_1 是指土地的产出弹性。

当 $h_1 = h_2$ 时，说明劳动力得到合理配置；

当 $h_1 \neq h_2$ 时，说明劳动力没有达到有效配置，经济中存在劳动力剩余。

特别，当 $h_1 > h_2$ 时，说明农业部门中存在劳动力剩余。用 φ 表示真正需要的农业劳动力占农业劳动力供给量的比例，则 $1 - \varphi$ 就是农业劳动力剩余率。据此，用 φL_1 替代 L_1 公式（3.67）仍然成立，并注意到 $\eta \approx 0$，得：

$$\frac{I_1}{\varphi L_1} = \frac{I_2}{L_2} + \gamma_1 \frac{Y_1}{\varphi L_1}$$

再注意到 h_1 和 h_2 的定义，得：

$$1 - \varphi = h_1 - h_2 \qquad\qquad (3.69)$$

从而农业部门劳动力剩余占农户劳动力总数的比例 R 为：

$$R = (1 - \varphi) \cdot \frac{L_1}{L} \qquad\qquad (3.70)$$

二、实证分析

在计算 $(1 - \varphi)$ 和 R 时，王红玲按人均收入水平把1994年的3 996户抽样样本分为10组，根据样本数据，首先用回归分析法对每组分别估算土地弹性 γ，再由此估算 h_1 和 h_2，并计算出各组的剩余比例 R_i 如表3-9所示，最后再以各组样本数占总样本数的比重为权，计算出全国的加权剩余比例 R。她的结论是，全国的农业劳动力剩余比例为0.203 2，劳动力剩余规模为1.17亿。（见王红玲（1998），或见3.2.2节两部门经济系统方法中的四、案例。）

表3-9 各样本组的剩余比例 R

收入	小于500	500元~900元	900元~1 300元	1 300元~1 700元	1 700元~2 100元	2 100元~2 500元	2 500元~2 900元	2 900元~3 300元	3 300元~3 700元	大于3 700元
R	0.553 0	0.227 9	0.141 7	0.045 4	0.042 7	0.058 6	0.025 0	0.115 0	0.187 0	0.198 0

王检贵等（2005）以各地2003年的折实人均收入为标准，对31个省市自治区分别测算其剩余比例，分别得出各省市区和全国的农业劳动力剩余数量，测算结果如表3-10所示。

表3-10 分地区农业劳动力剩余数量

	折实人均收入（元）	R（%）	劳动力剩余（万人）
北京	4 328.86	19.78	36.14
天津	3 528.60	18.72	34.24
上海	5 142.13	19.78	48.82
河北	2 205.09	5.86	161.03
辽宁	2 267.73	5.86	59.09
江苏	3 276.09	11.51	299.38

	折实人均收入（元）	R（%）	劳动力剩余（万人）
浙江	4 164.64	19.78	437.08
福建	2 885.54	2.46	32.87
山东	2 434.69	5.86	216.71
广东	3 133.37	11.51	338.07
海南	2 000.05	4.27	10.00
山西	1 776.79	4.27	44.73
内蒙古	1 752.43	4.27	27.95
吉林	1 955.49	4.27	30.77
黑龙江	1 938.90	4.27	42.01
安徽	1 644.11	14.54	126.14
江西	1 899.17	4.27	68.30
河南	1 727.73	4.27	197.38
湖北	1 983.59	4.27	77.97
湖南	1 957.40	4.27	123.14
广西	1 618.63	4.54	100.20
重庆	1 711.40	4.27	54.54
四川	1 723.23	4.27	154.92
贵州	1 209.17	14.17	256.04
云南	1 311.53	4.54	87.57
西藏	1 306.62	4.54	4.62
陕西	1 294.95	14.17	202.96
甘肃	1 292.93	14.17	153.73
青海	1 386.50	4.54	7.96
宁夏	1 579.06	4.54	9.19
新疆	1 627.66	4.54	17.08
全国			3 460.62

数据来源：《2004 年中国统计年鉴》和《2003 年中国农业统计年鉴》。

注：折实人均 GDP 以 1994 年为基期，根据 1994—2003 年农村 CPI 指数进行平减，测算得该指数为 1.294；计算中对资金的拉格朗日乘子 η 做了零假设处理，故实际的农村劳动力剩余要稍大一些。

　　王检贵等（2005）认为，用王红玲（1998）的方法估算每个收入组的劳动力剩余比例是有价值的。问题是在估算加权劳动力剩余比例时，仅用 3 996 户样本来代表中国 2.5 亿农户的收入分布状况，会带来较大的抽样误差。特别是这 3 996 户样本数据仅仅来自 8 个省，而且低收入农户比重明显偏低（这 3 996 户农户的平均收入比 1994 年全国农民人均纯收入高 500 多元），更加让人怀疑这些数据的代表性。他们还认为，各省自然地理条件和农业生产情况千差万别，仅以十个收入组为样本计算全国的农业劳动力剩余往往是不准确的。为此，王检贵等（2005）采用了上述方法。

　　表 3－10 显示，按照新古典模型测算，2003 年我国农业劳动力剩余比例为 7.1%，规模为 3 460 万人左右。从地区分布看，劳动力剩余主要集中在东部地区，该地区农业劳动力剩余比例高达 17.6%，劳动力剩余规模为 1 673 万人。中西部地区农业劳动力剩余比例为 6.2% 和 10.1%，明显低于东部地区，农业劳动力数量也分别仅有 738 万人和 1 049 万人，两个地区劳动力剩余之和才与东部地区相仿。

　　如果仅要考察全国农业劳动力剩余的总数，可以根据《2004 中国统计年鉴》所提供的农村家庭收入分组资料，用王红玲（1998），或 3.2.2 两部门经济系统方法中的"四、案例"的方法，重新估算表 3－9 中各组样本数所占的比重，并以其为权计算总的剩余比例。计算结果是，2003 年农业劳动力剩余比例为 13.27%，农业劳动力剩余总数约为 6 466 万人。

第4章 国际比较框架下的农业劳动力剩余

这类方法是通过比较农业劳动力比重、农业产值比重等指标在国际间的差异，对我国农业隐性失业进行测算。需要注意的是，这里的农业隐性失业率 $r\%$，是指农业部门积存的未得到合理配置的劳动力占全国总劳动力数量的 $r\%$。按照所比较指标的不同，分为简单国际比较法和国际标准模型法（钱纳里模型法，国际标准结构比较估算法）

§4.1 简单国际比较法

4.1.1 简单国际比较法概念

简单国际比较法是以人均国民生产总值（GNP）与我国相近的一些国家的农业劳动力比重为基准，我国相应比重与其的差异（超出）便是我国农业隐性失业率，即积存于农业部门未得到合理配置的劳动力占总劳动力数量的百分比。

4.1.2 简单国际比较法案例

宋林飞（1996）采用此法，指出人均国民生产总值同我国相近的印度尼西亚、巴基斯坦、斯里兰卡等，全国农业劳动力占总劳动力的55%左右，而1996年我国农业劳动力约占总劳动力的69%左右。可见，我国农业隐性失业率为14%，即中国因产业结构不合理而积存农业部门未得到合理配置的劳动力为总劳动力数量的14%。

王红玲（1998）采用此法，指出人均国民生产总值同我国相近也是印度尼西亚、巴基斯坦和斯里兰卡，农业劳动力占总劳动力的比重仍是我国最高，约高出12%，所以1998年我国农业隐性失业率为12%。

§4.2　国际标准模型法
（钱纳里模型法，国际标准结构比较估算法）

这种方法的理论依据是"钱纳里模型"，它是由 B·钱纳里与 M·赛尔昆两位经济学家通过对 101 个国家 1950—1970 年有关数据进行回归分析后，得出揭示部门产出结构与就业结构关系的劳动力配置模型，得出了与国民生产总值（GNP）水平相对应的各产业劳动力比重、产值比重的国际标准结构，也就是"国际标准"。

4.2.1　国际标准结构中农业部门的比重

为测算农业劳动力剩余，则根据这个"国际标准"归纳出一国在不同国民收入阶段第一产业的产值和就业比重，也就是农业部门的"国际标准"，如表 4-1 所示。

表 4-1　国际标准结构中农业部门的比重

人均 GNP（以 1964 年美元计价）		小于 100	100	200	300	400	500	800	1 000	大于 1 000
第一产业所占份额	产值	0.552	0.452	0.327	0.266	0.228	0.202	0.156	0.138	0.127
	就业	0.712	0.658	0.557	0.489	0.438	0.395	0.300	0.252	0.159

数据来源：钱纳里和赛尔昆，《发展的型式：1950—1970》，经济科学出版社，1988 年，第 32 页。

4.2.2　农业隐性失业率测算公式

测算我国农业劳动力剩余的国际标准模型法，就是用我国农业劳动力占全部劳动力的比重与人均 GNP 相当的国际标准比重之差，减去我国农业产值占全部产值的比重与人均 GNP 相当的国际标准比重之差（有些学者还对此进行修正）得出我国农业隐性失业率，用公式表示为：

$$r = \left(\left[\frac{L_1}{L} \right]_{实} - \left[\frac{L_1}{L} \right]_{标} \right) - \left(\left[\frac{I_1}{I} \right]_{实} - \left[\frac{I_1}{I} \right]_{标} \right)$$

$$= \left[\frac{L_1}{L}\right]_\text{实} + \left[\frac{I_1}{I}\right]_\text{标} - \left[\frac{L_1}{L}\right]_\text{标} - \left[\frac{I_1}{I}\right]_\text{实}$$

公式中 r 为农业隐性失业率，L 和 I 分别为劳动力数量和 GDP 水平，L_1 和 I_1 分别为农业部门的劳动力数量和 GDP 水平，下标"实"是指我国的实际数值，下标"标"是指"国家标准"。

4.2.3 案例

（1）宋林飞（1996）和王红玲（1998）都采用此法，指出农业劳动力的比重，中国比国际标准比重高 20% 左右；农业产值的比重，中国比国际标准高 4% 左右，即：

$$\left[\frac{L_1}{L}\right]_\text{实} - \left[\frac{L_1}{L}\right]_\text{标} \approx 20\% ,\quad \left[\frac{I_1}{I}\right]_\text{实} - \left[\frac{I_1}{I}\right]_\text{标} \approx 40\%$$

二者相减，即：

$$r = \left(\left[\frac{L_1}{L}\right]_\text{实} - \left[\frac{L_1}{L}\right]_\text{标}\right) - \left(\left[\frac{I_1}{I}\right]_\text{实} - \left[\frac{I_1}{I}\right]_\text{标}\right) \approx 20\% - 4\% = 16\%$$

说明 1996 年我国农业隐性失业率为 16% 左右，即未被合理配置的农业劳动力占全国劳动力总数的 16% 左右。

再用库茨涅茨系数（0.65）处理中国价格扭曲因素在钱纳里模型中的高估，可作如下修正：

$$20 - (4 \div 0.65) \approx 13.8$$

即 1996 年我国农业隐性失业率为 13.8% 左右。

这说明虽然农业劳动力人人都有一块口粮田，但当家庭在配置劳动力资源时，就会发生个人完整的或部分时间因无活干而需要另找出路的现象。

（2）侯鸿翔等（2000）采用此法，指出据现有的统计资料，分析中国的劳动力就业结构与产出结构，第一产业的份额呈明显下降趋势。鉴于 20 世纪最后近 20 年来，中国的人均收入处于 300 美元～500 美元的水平，同国际标准结构的同一水平的劳动力份额相对比，中国的农业劳动力份额平均为 60% 左右，比国际标准结构 40% 多出 20 个百分点，农业 GNP 的份额应约占 25%，比国际标准结构的 20% 多出约 5 个百分点左右，即：

$$\left[\frac{L_1}{L}\right]_{\text{实}} \approx 60\%, \ \left[\frac{L_1}{L}\right]_{\text{标}} \approx 40\%$$

$$\left[\frac{I_1}{I}\right]_{\text{实}} \approx 25\%, \ \left[\frac{I_1}{I}\right]_{\text{标}} \approx 20\%$$

于是：

$$r = \left(\left[\frac{L_1}{L}\right]_{\text{实}} - \left[\frac{L_1}{L}\right]_{\text{标}}\right) - \left(\left[\frac{I_1}{I}\right]_{\text{实}} - \left[\frac{I_1}{I}\right]_{\text{标}}\right)$$

$$\approx (60\% - 40\%) - (25\% - 20\%)$$

$$\approx 15\%$$

所以 20 世纪最后 20 年，我国农业隐性失业率为 15% 左右。侯鸿翔等（2000）还指出，这一估计结果是偏低的，因为作为比较的标准结构并不能反映劳动力的有效利用的高低，因而，比较的结果在一定程度上反映的是因中国的产业结构不合理而使劳动力积存在农业未得到合理配置的程度。

（3）王检贵等（2005）采用了这种估算法。基于分省数据，将每个省视为比较对象，测算出分省及全国的农业隐性失业率，进而测算出农业劳动力剩余数量。

首先，将全国 31 个省市自治区的数字与国际标准结构对比计算，计算结果如下表 4-2 所示（王检贵等，2005）。

说明：在计算表 4-2 时，先将各省的人均 GDP 按照现行汇率折算成美元，再对 1964—2004 年期间美元购买力变动情况进行测算，并将各省的人均 GDP 最终折算成 1964 年的美元水平，从而可以利用标准结构进行对比。在计算各省市自治区标准的产值和就业比重时，利用表 4-1 中的各端点值使用插值法进行。

表 4-2 显示，当时中国农业劳动力剩余的比例及总数分别约为 14% 和 4 500 万人。分地区看，东、中、西部三个地区在农业劳动力剩余规模及比例上呈递增趋势，农业劳动力剩余比例分别为 7.59%、15.49%、18.57%，劳动力剩余规模分别为 722 万人、1 844 万人、1 927 万人。令人吃惊的是，无论是从农业劳动力剩余的规模，还是从结构上看，国际标准结构比较法的测算结论与古典方法农业劳动力年均工作日数计算法（王检贵等，2005）的测算结果十分相近。

表4-2 分地区农业劳动力剩余数量

	人均GDP（1964年美元）	$\left[\dfrac{L_1}{L}\right]_{标}$	$\left[\dfrac{I_1}{I}\right]_{标}$	$\left[\dfrac{L_1}{L}\right]_{实}$	$\left[\dfrac{I_1}{I}\right]_{实}$	r	农业劳动力剩余数量（万人）
北京	496.31	0.3967	0.2030	0.0779	0.0261	-0.1419	-9.49
天津	477.60	0.4045	0.2080	0.1961	0.0366	-0.0370	-3.05
上海	720.69	0.3250	0.1681	0.0955	0.0145	-0.0759	-5.59
河北	206.88	0.5522	0.3227	0.4927	0.1499	0.1133	189.19
辽宁	281.27	0.5019	0.2776	0.3743	0.1026	0.0474	33.02
江苏	331.91	0.4727	0.2538	0.3462	0.0888	0.0386	48.26
浙江	396.02	0.4400	0.2295	0.2963	0.0775	0.0083	7.27
福建	295.92	0.4917	0.2684	0.4245	0.1324	0.0688	51.33
山东	268.85	0.5101	0.2849	0.4694	0.1191	0.1252	285.00
广东	337.94	0.4696	0.2516	0.3786	0.0803	0.0803	125.20
海南	163.20	0.5944	0.3733	0.5953	0.3701	0.0040	0.84
山西	146.23	0.6115	0.3945	0.4427	0.0876	0.1381	89.85
内蒙古	178.24	0.5792	0.3545	0.5459	0.1954	0.1258	69.02
吉林	184.04	0.5732	0.3470	0.5014	0.1930	0.0823	43.09
黑龙江	229.07	0.5373	0.3095	0.5102	0.1130	0.1692	140.01
安徽	122.25	0.6358	0.4245	0.5489	0.1845	0.1532	287.26
江西	131.26	0.6267	0.4133	0.5013	0.1978	0.0901	89.05
河南	143.84	0.6136	0.3970	0.6019	0.1759	0.2095	697.88
湖北	177.54	0.5792	0.3545	0.4509	0.1478	0.0784	89.69
湖南	137.34	0.6206	0.4058	0.5737	0.1911	0.1677	338.32
广西	111.09	0.6469	0.4383	0.5984	0.2385	0.1512	235.43
重庆	141.84	0.6156	0.3995	0.4919	0.1495	0.1264	103.15
四川	123.72	0.6338	0.4220	0.5454	0.2068	0.1267	307.57
贵州	69.13	0.7120	0.5220	0.6265	0.2200	0.2164	287.24
云南	111.14	0.6469	0.4383	0.7275	0.2040	0.3149	538.22
西藏	134.80	0.6227	0.4083	0.6503	0.2202	0.2158	18.34
陕西	128.23	0.6297	0.4170	0.5215	0.1334	0.1753	174.75
甘肃	98.87	0.7120	0.5220	0.5904	0.1814	0.2190	168.65
青海	144.15	0.6136	0.3907	0.5411	0.1183	0.2063	28.38
宁夏	131.06	0.6267	0.4133	0.5182	0.1440	0.1608	24.21
新疆	191.52	0.5651	0.3370	0.5507	0.2199	0.1027	40.79
全国						0.1400	4492.88

数据来源：《2004年中国统计年鉴》《2003年中国农村统计年鉴》《美国经济统计手册》《世界经济统计简编2000》《世界经济年鉴1991—2003》。

注：人均GDP采用1964年美元计算，根据测算，1964—2003年美元购买力指数为6.124。

　　国际标准结构比较框架下的农业劳动力剩余的测算，所依据的国际标准来自全球 100 多个国家不同时期的数据，考虑到各国产业发展水平、结构和特点千差万别，因此可比性不是太强，从而这种方法估算出来的农业劳动力剩余，虽有一定的参考价值，但不可避免的准确度不高，因此，这种测算和估算方法在理论界不太常用。

第 5 章　刘易斯转折点

在第 2 章的现代两部门劳动力剩余模型中，已经引进了刘易斯转折点的概念。参见 2.2.3 节及图 2-4，刘易斯第一转折点或刘易斯第一拐点是指农业部门劳动力剩余枯竭的那个点 L_1，刘易斯第二转折点或刘易斯第二拐点是指迫使工业部门工资明显上扬的那个点 L_2。本章将进一步深入探讨这一概念，具体分析我国是否出现了刘易斯转折点，并介绍统计测算的方法。

§5.1　刘易斯转折点的概念

前面已经指出，美国经济学家刘易斯在 1954 年首次提出二元模型，用来解释工业部门（从严格意义上说是现代部门，因为还有服务部门等）的扩张和农村劳动力剩余的转移问题，后经费景汉、拉尼斯等学者的补充和完善，最终成为解释发展中国家农村劳动力剩余转移的经典学说。这一模型就是第 2 章中介绍的现代两部门劳动力剩余模型，而且前面也指出了，这是个属于古典经济学理论框架下的模型，是在"资本与土地是稀缺的、劳动供给是无限"的基本假设下的模型。

这个模型指出，在一国经济发展的早期阶段，工业部门可以在既定的低工资水平下吸收农业部门的劳动力剩余以促进本部门的扩张；而随着劳动力剩余转移完毕，工农之间的贸易条件开始有利于农业，工业部门所支付的工资水平不得不开始上升。这一转变发生的时点就是所谓的刘易斯转折点。说明一个国家在发展中的，劳动力供给要经历两个特殊意义的转折点，即刘易斯转折点，实质上是经济结构的变革点。

当经济发展尚未到达第一个转折点的阶段时，农业劳动力向现代部门转移，农业总产出不受影响。在图 2-4 中，表示农业部门的劳动投入量由 1 减少到 l-g'；当经济发展到达第一个转折点时，在图 2-4 中，表示农业部门的劳动投入量达到 l-g'时，农业劳动力剩余开始枯竭，在此后而又尚未到达第二个转折点的阶段时，农产品逐渐出现短缺，农村劳动力工资逐渐上涨，受此影响，现代部门工资也逐渐上涨，农业劳动力不再具有无限弹性，劳动力资源逐渐变得稀缺，在图 2-4 中，表示农业部门的劳动投入量由 l-g'减少到 l-g''；当经济发展到达第二转折点时，在图 2-4 中，表示农业部门的劳动投入量达到 l-g'时，农业部门和现代部门的边际产出相等，两部门工资相同。这时二元经济转化为一元经济（Lewis，1972），经济发展超过边界进入新古典主义体系。刘易斯后期特别强调，具有决定意义的不是第一个转折点，而是第二个转折点。

5.1.1 对刘易斯转折点的再认识

刘易斯转折点，实质上描述了这样一种经济现象：在一国经济发展的早期阶段，工业部门可以在既定的低工资水平下吸收农业部门的劳动力剩余以促进本部门的扩张；而随着劳动力剩余转移完毕，工农之间的贸易条件开始有利于农业，工业部门所支付的工资水平不得不开始上升。

但自这一概念诞生之日起，实际上就是自 1954 年刘易斯提出、后经费景汉和拉尼斯等补充完善的两部门经济模型出现之日起，便饱受争议，尤其是对于劳动力剩余的概念和生存工资（即 2.2 节中的"工资的最低水平" h，参见图 2-2 和图 2-4），长期保持不变的假定，更是充满了质疑与批评（黎煦，2007）。刘易斯转折点实际上是社会经济结构发展进化的分水岭，受经济结构和社会制度的制约，不同国家和地区在经历的时间和表现形式上存在一定差异（托达罗等，2009），由此引发的刘易斯转折点争议就在所难免。

为此，要深入探讨"刘易斯转折点"问题，有必要先来理清刘易斯理论的如下几个关键点（李天祥等，2012）。

一、劳动力剩余

刘易斯模型以劳动力无限供给为假设条件，由此而派生出的劳动力剩余的概念一直存在争议。一般认为劳动力剩余即边际生产率很低、为零或为负的那部分劳动力，这一部分劳动力的转移并不会影响农业的总产出水平。但在实际中，由于技术进步等因素的存在，我们很难观察到因劳动力转移而导致的农业产出减少现象。因此，对于这个概念，刘易斯本人坚持认为，劳动力剩余的边际生产率是否为零并不重要，重要的是表达一种含义，即在当前工资水平下，工业部门面对的劳动力供给弹性是无限的。同时，刘易斯还着重分析了劳动力剩余的来源，指出劳动力剩余除了包括已有的农民、临时工、小商人等之外，至少还有三个可供选择的阶层：一是家庭妇女的就业。二是因出生率高于死亡率所引起的人口增加。三是马克思所说的"失业后备军"，即由于效率提高而失业的人群，也有可能加入劳动力剩余的行列。前两个层次与人口结构有关，后一个则与技术进步、效率提高等因素关联甚密。但值得注意的是，无论是人口结构因素，还是技术进步因素等，都不可能是长期静止不变的，因而劳动力剩余本身也不可能是一个静态的概念，其数量会随着上述因素的变迁而不断进行动态的调整（侯东民等，2009）。

二、生存工资

在刘易斯模型中生存工资是一个很重要的指标。但这里需要说明两点：首先，刘易斯认为生存水平的工资并不代表生存的最小需求。其次，在刘易斯看来，传统部门工资特色在于收入共享，它更多是由风俗、道德等制度性因素决定，而不能简单地视为平均产品。但问题是生存工资是不是不变的低工资，或者它会不会随着两部门就业人数的变化而变化呢？实际上，当经济增长而工人被拉出生存部门进入资本部门时，只要农业的总产出水平不变，那么留在生存部门的工人每人便将接受比以前更高的收入，即"在一部分劳动力剩余离开农业部门之后，留在生存部门的工人需要更加努力的工作，他们的回报相应是有轻微上升的"（瑞，2002）。如果劳动力转移过程继续，这些劳动力进一步转出的机会成本将逐渐增加，吸引他们转移的工资水平也必须提高。从这种意义上来看，生存工资不必保持不变，生存部门的工资上升是资本主义部门最终吸收尽无限劳动力供给的理由。但刘易斯特别强调的是，此处的工资上升原因"必须分清外生变化和内生变化"，"模型仅仅与工资的内部变化有关，它们直接起源于非资本主义部门劳动力的转移"（瑞，2002），任何与劳动力转移无关的因素（如制度或政策上的工资限制、迁移成本的变化等）导致的工资上涨都不属于刘易斯模型考虑的范畴（朱晶等，2011）。

三、刘易斯转折点

按照刘易斯的说法（这种说法源自刘易斯《对无限的劳动力的反思》一文（朱晶等，2011），原文如下："当资本主义部门扩张时，可以设想工资在一段时间里保持不变。这时有两个转折点，第一个转折点在非资本主义部门的增长停止，其平均收入提高了，并使资本主义部门的工资上升出现。第二个转折点出现于资本主义与非资本主义部门的边际产出相等之时，这样我们便到达了新古典学派的单一经济的状态。")转折点实际上有两个：第一个转折点出现在"绝对剩余"消失殆尽，劳动力转移开始影响工资水平之时；第二个转折点则发生在"相对剩余"转移完毕，两部门边际产出相等之际。因而在判断工资上升、劳动力剩余转移完毕与刘易斯转折点出现这三者之间的关系时，有以下五点内容尤需注意：

（1）即使劳动力供给充足，实际工资仍可以提高（刘易斯，1989）。

（2）两个转折点都表现为工资的上升，但只有第二个转折点才意味着劳动力剩余转移完成。

（3）第一个转折点的意义在于，在劳动力剩余转移完毕前就有可能伴随着工资的上升，其理论意义远高于实际意义（赵显州，2010）。

（4）如果从劳动力资源由无限供给转为稀缺的角度来考虑，与其将刘易斯转折点当作一个时间点，不如将其理解为一个转折区间、一个过程或是一种状态（蔡昉，2007；黎煦，2007；张晓波等，2010）。

（5）判断转折点出现时应体现如下标准，即工业部门的工资上升应该是农业部门制度工资上升的结果，农业部门制度工资的上升应该是劳动力转移的结果（宋世方，2009）。

只有充分把握上述五个条件的内涵，才能正确地得出刘易斯转折点是否到来的判断。

5.1.2 在中国，刘易斯转折点是否到来

中国是一个如刘易斯所预言的具有典型二元经济结构的农业大国：一方是存在大量劳动力剩余的传统农业，另一方则是相对比较强大的城市工业。改革开放以来，伴随着经济的持续增长和规模的迅速扩大，我国农村劳动力的转移速度明显加快，转移数量快速上升。农村非农产业的发展，工业化与城市化进程的加快，已吸收了大量的农业劳动力剩余。这使得越来越多的人不得不提出疑问：中国的劳动力供求结构是否已经发生了改变？我们离"刘易斯转折点"到底还有多远？不断蔓延的"民工荒""返乡潮"等现象更引发了对这一问题的探讨，意见不一，甚至分歧很大（侯东民等，2009；蔡昉，

2008；马晓河等，2007；吴要武，2007）。有的认为刘易斯转折点并未出现，导致"民工荒"、工资上涨另有其他原因，还有的则认为"民工荒"非但没有提前反而推迟了转折点的到来（周健，2008）。对于转折点的判断，学者们见仁见智，分别从不同的角度进行了论证说明，但概括起来，争论的焦点主要集中在：农村劳动力剩余的数量、人口流量与人口存量、"民工荒"和工资上涨原因以及其他指标等四个方面（李天祥等，2012）。

一、对中国农村劳动力剩余测算的分歧

理论上讲，二元经济结构存在的一个关键在于劳动力剩余的存在。因此，判断中国劳动力市场形势是否发生根本性转变的一个重要视角便是对劳动力剩余现状的考察。蔡昉（2007）通过直接观察法得出，2004年我国农村劳动力总量为49 695万人，扣除农业必要的劳动力1.8亿人，已经就地或外出转移的劳动力2亿人及因为人口结构因素难于转移的6 000多万人以后，40岁以下可供转移的劳动力剩余充其量只有5 800万人，劳动力剩余率仅为11.7%，由此表明"民工荒"、劳动力短缺，并不是暂时的现象，而是"刘易斯转折点"到来的征兆，劳动力供给长期大于需求的格局正在逆转。但众多学者对此提出了质疑，并从不同角度给出了不同的估算数据，以说明我国农村劳动力剩余资源依然丰富，刘易斯转折点尚未到来。

孙自铎（2008）认为蔡昉的估算方式其实并不合理，因为即使40岁以上的劳动力不适合转移，但作为农业劳动者他们依然可以置换出年轻劳动力进城务工，那么显然40岁以下可供转移的劳动力数量只有4 800万人就存在明显的低估。

张宗坪（2008）进一步指出，鉴于我国城乡二元户籍制度的特殊性，外出打工人口并未完全脱离农业，劳动力转移并不彻底，因而已转移的年龄较大的劳动力本身和滞留在农村的年轻务农劳动力之间便会产生一定的替代。目前我国40~64岁的农业劳动年龄人口约有3亿人，而这部分人在城市就业市场中已经难以找到工作，可能长期留在农业之中。同时，如此庞大的农业劳动力资源恰好佐证了中国农村依然存在大量劳动力剩余的事实。

虽然国内关于农村劳动力剩余测算的研究较多，但由于受数据的可得性、可靠性及一些制度性因素的影响，再加上学者们对劳动力剩余概念的认识的不一致，使用的估算方法与数据也不尽相同，造成了估算结果的极大分歧如表5-1所示。

表 5-1　中国农村劳动力剩余数量估计

估算使用数据年份	估算结果（人）	出处
1994 年数据	1.38 亿	王诚（1996）
1998 年数据	1.52 亿	农业部课题组（2000）
1999 年数据	1.7 亿	国家统计局农调队社区处（2002）
2000 年预测数据	1.9 亿	劳动部课题组（1999）
2003 年数据	4 600 万	王检贵等（2005）
2003 年数据	7 700 万	章铮（2005）
2004 年数据	5 800 万	蔡昉（2007）
2005 年数据	4 357 万	蔡昉等（2008）
2005 年数据	7 465 万	钱文荣等（2009）
1996—2005 年数据	1 亿	郭金兴（2007）
2001—2005 年数据	1.59~2.97 亿	南亮进等（2010）
2003—2005 年数据	1.9 亿左右	赵显州（2010）
2006 年数据	1.1 亿	马晓河等（2007）

数据来源："**2000 年预测数据**"**引自文献（侯东民等，2009），其余数据则根据相关文献整理而来。**

就目前来看，对于中国农村劳动力剩余的数量，还缺少权威性的、具有充分说服力的实证研究。在并不明确中国农村劳动力剩余状况的情况下，判断劳动力剩余形势及经济发展阶段正在发生重大变化可能还为时尚早（侯东民等，2009）。

二、对人口流量与人口存量的分析

人口因素是影响一国劳动力规模的重要因素，而人口转变则与二元经济发展的过程有着相当大程度上的重合（蔡昉，2010）。高出生率、低死亡率的人口再生产阶段是传统部门劳动力剩余和无限劳动力供给的主要源泉。随着生育率的下降，人口的自然增长率趋于降低，人口老龄化加剧，总体的人口结构将不再富有生产性，通常意义的人口红利也将随之消失。因此，出现刘易斯转折点的一个标识性变化便是人口出生率的下降，"论证人口红利的消失与证明刘易斯转折点的到来实际上是同一项学术工作"。基于这样的逻辑，蔡昉进一步肯定了自己的判断，一方面人口结构因素的影响使得我国农村劳动力剩余的数量已不再如很多人所认为的那样巨大、充足，另一方面农村劳动力增长速率的递减，必然使得农村劳动力剩余数量在增量方向上很难得到补充，两者累加的结果将导致可供转移的劳动力数量越来越少，劳动力短缺的矛盾越来越尖锐。

但刘伟（2008）认为此处不能忽视的一个问题是，无限劳动力供给的来源除了出生人口（即劳动人口的自然增长量）之外，至少还有另外一个重要来源，即劳动人口在非资本主义部门的存量。相关数据显示（所引数据参见胡英等（2010）《"十二五"时期人口变化及未来人口发展趋势预测》，载蔡昉主编《中国人口与劳动力问题报告 No. 11——后危机时期的劳动力市场挑战》），2010 年中国劳动年龄人口总量将达到创新高的 9.81 亿人，且今后 10 年这一数据将一直保持在 9.9 亿人以上。如此巨大的人口存量压力决定了我国劳动年龄人口短期内没有明显下降的趋势，劳动力供给也不会产生重大问题（刘伟，2008；Chan，2010）。因此，仅仅观察"年增劳动人口"这一增量指标，而忽视"劳动年龄人口总量"这一存量指标，发现不了中国人口基数过于庞大这一问题的本质，而根据出生率下降即断言刘易斯转折点到来的论断则更需要慎重。

三、对"民工荒"和工资上涨不同原因的解释

刘易斯转折点的实质是劳动力供给从长期过剩向开始变得稀缺、劳动工资从长期不变向普遍上涨的转折点。因此，一旦劳动力剩余资源即将消耗殆尽，那么工资上涨必然成为这一变化的一个强有力的信号。我国"民工荒"现象的出现，大量农民工开始惜售自己的劳动，用工企业不得不上调工人的工资、改善劳动条件。这是农民工工资上涨的一个事实证据。根据蔡昉（2007）和侯东民等（2009）等人提供的数据，自 20 世纪 90 年代末以来，城市多个行业的实际平均工资不断上涨，农业长期雇工的日平均工资也大幅度上升，且近年来二者增长的速度几乎同步，在经历了以往十几年的停滞以后，农民工工资正呈现出快速增长的趋势。但能否将临近 2012 年的几年中，"民工荒"和农民工工资的上升等同于劳动力的供求在同期内发生了巨变呢？关于这一问题的答案还有待商榷。

刘伟（2008）的研究指出，尽管临近 2012 年的几年中，中国农村和城市的人均收入都有大幅度提高，且增长速度相当迅速，但其整体却依然落后于人均 GDP 的增长，工资总额在 GDP 中的比例呈明显的下降趋势，劳动者的工资依然处于偏低的状态，因此工资的上涨是由过去的过低调整到合理的水平，并不能证明劳动力供求形势的逆转（Knight，2007）。

同时应该注意的是，农民工工资的上涨并不完全是由市场性因素导致的，

近年来主要输入地政府对最低工资规定的大幅度提高以及新劳动合同法的颁布，都在一定程度上推动了工资的上涨根据中华人民共和国劳动与社会保障部公布的数据，2011 年全国共有 25 个地区调高了最低工资标准，全国 21 个省份的最低工资平均调增幅度为 21.7%。此外，国家"三农"政策的倾斜，农村人均收入的提高，加之城市物价水平的高企，二元户籍制度下农民工社会保障制度不健全等，农民工无论转出农村还是转入城市的机会成本都在增加，补偿工资要求自然会相应提高。但这些类型的工资上涨显然不属于刘易斯模型中内生性因素的范畴，也不能作为判断刘易斯转折点出现的标准（朱晶等，2011）。因此，"民工荒"在一定程度上是农民工"权利荒"和转移的机会成本提高的结果（李雄，2010）。单纯地考虑非技术劳动力工资的迅速上涨并不能说明刘易斯转折点的到来（Green，2008；唐茂华，2007）。

四、对其他相关指标的解读

其他关于中国刘易斯转折点的讨论，主要集中在国际经验的比较及对劳动力市场相关指标的解读上。从已经出现过刘易斯转折点的国家（如 20 世纪 60 年代初的日本，20 世纪 70 年代初的韩国等）的经验来看，转折点到来时往往伴随着农业在国民经济中比率显著下降、农业劳动力人口占总的就业人口比重明显降低，工业化、城市化比率达到 60%～70%，以及行业间实际工资差距缩小等现象（黎煦，2007；蔡昉，2008）。

从我国的现实情况来看，周祝平（2007）、张宗坪（2008）等认为目前我国工业化与城市化程度依然不高，农业产值与就业比率的严重不对称反映了农村劳动力的边际产出率还远未达到刘易斯转折点的要求；而南亮进等（2010）则指出，近几年来城镇失业率居高不下，提示了城镇劳动力市场仍存在需求不足的问题；且工农之间及城市内部各行业之间的工资差距的变化状况也并未显示出中国劳动力市场发生了根本性变化。因此，尽管不能否认劳动力供给即将变缓是中国经济通过刘易斯转折点的一个有利的条件，但严峻的现实表明，我国农村劳动力剩余数量依然巨大，实现农村劳动力转移仍然任重道远。

§5.2　中国刘易斯转折点的测算

刘易斯转折点实际上是社会经济结构发展进化的分水岭，受经济结构和社会制度的制约，不同国家和地区在经历的时间和表现形式上存在一定差异，由此刘易斯转折点引发争议就在所难免。

5.2.1　人口红利：理论的再认识及刘易斯转折点与其关系（刘志伟，2013）

国内学术界关于刘易斯转折点和人口红利的讨论非常激烈，但论证人口红利的消失和刘易斯转折点的到来，实际上是同一项学术工作（刘志伟，2013）。从中国改革开放之日算起，中国的人口结构与刘易斯模型的二元经济的发展有着共同的起点和阶段特征，并且存在相当大的重合度，人口结构优势时期，即为人口红利的作用期，人口红利的式微也意味着刘易斯转折点的迫近（蔡昉，2010）。

一、人口红利：理论的再认识

Bloom 等人在研究人口增长对经济增长的贡献时发现，前期的关注点侧重于人口规模或增长率的验证分析，而忽视了对人口结构这一关键变量的研究（Bloom 等，2003）。两者的关系好比是流量与存量的关系，当流量持续下降时，存量的优化调整对经济发展的作用也越来越显著（周祝平，2007）。国外学者通过研究东南亚 1965—1990 年间的经济增长后发现，经济成就的取得很大程度上是由于工作年龄人口增长高于抚养人口增长，从而减轻了抚养负担，提高了人均产出，并将人口结构转变带来的经济发展贡献称为"人口红利"（高建坤，2012）。蔡昉等国内学者结合中国国情，继续深化此领域的研究，并对此概念给出见解：人口红利是指劳动年龄人口增长过快，占总人口的比重大，形成劳动力供给和储蓄率高等有利于经济增长的条件，一旦能够将这种优势转化为就业和投资，则给经济增长带来额外的增长源泉（蔡昉，2004）。国内学者对人口红利的概念认知没有异议，即人口红利的本质是由人口负担较轻转化而成，但在如何转化或实现的问题上，则是观点泾渭分明，意见不一。蔡昉（2004）认为，劳动年龄人口比例上升，会导致储蓄率增加，从而有利于经济增长；周祝平则引用东南亚和日本的案例，证明经济增长与人口红利无直接因果关系（周祝平，2007）；高建坤（2012）的研究又更进一步认为，第一人口红利是资本红利，第二人口红利才是经济增长的动力。索洛经济增长模型明确表明，经济增长途径源于技术、人力和资本三个方面，是交替综合作用的结果。资本作为重要的生产要素只有与劳动力结合，才能够转化为产出。辨析人口红利对经济增长的作用，同样离不开资本的支撑。因此，人口红利对经济增长的贡献毋庸置疑。人口结构优化，抚养负担减轻，这些只是经济增长的前提条件，人口红利不等于经济增长。

二、刘易斯转折点与人口红利的关系

刘易斯转折点和人口红利具有相同的劳动供给状况，属于同一概念范畴。回顾世界经济发展的历史，虽然经济的增长具有周期性，人口变动也存在波动，但社会始终沿着经济增长的路径演进，而人口则朝着低增长方向发展。对于经济发达的国家，均已完成人口结构的转变，而中国是唯一完成人口结构转变却处于发展阶段的国家，即"未富先老"（周祝平，2007）。

蔡昉根据联合国2009年公布的世界人口预测报告，对中国1950—2008年度的少儿、老年人、劳动力的年龄结构进行梳理和分析后发现，人口自然增长率呈倒U型的发展规律，即先增长后下降；与此同时，劳动年龄人口的变化轨迹与之类似，但时差落后一代人。若以稳定状态的人口增长率对U型曲线进行划分，则高于稳定状态的部分即是人口机会窗口，并由此预测，2015年中国将迎来刘易斯转折点（蔡昉，2004）。费约翰－拉尼斯模型是对刘易斯模型的继承和发展，其最大的贡献在于对刘易斯转折点给出了定量和准确的界定：发展中国家的经济起飞往往经历三个阶段，第一阶段，农业部门的劳动边际产出为零；第二阶段，农业部门的劳动边际产出在零与制度工资之间；第三阶段，农业部门的劳动边际产出大于制度工资。第一阶段与第二阶段的分界点为刘易斯第一转折点，第二阶段与第三阶段的分界点为刘易斯第二转折点（参见图2-4）。

沿着模型的分析思路作进一步推导，可得出劳动力的供给变化的路径：刘易斯第一转折点标志着农业劳动力供给由无限丰富转向到有限剩余，刘易斯第二转折点则代表着劳动力剩余被完全吸收，而刘易斯第一和第二转折点分别与前面提到的倒U型的人口机会窗口的起点和终点分别对应，从而证明刘易斯转折点与人口红利具有相同的时间区间。

5.2.2　刘易斯模型的改进

有关刘易斯转折点的争论，无论是基于直接指标的判断，还是立足于间接指标的论证，均是围绕着劳动力供需平衡来进行的。所有的方法或结论都隐含着相同的启示：发展中国家的经济前进历程必然经历一个由劳动力资源丰富转向劳动力资源稀缺的阶段，此期间的工资水平上涨是经济发展的必然阶段。以上对劳动力供需的分析均是以个体数量作为研究对象，忽视了对现有劳动力潜能的挖掘，即通过延迟农民工的返乡时间进行人口红利的二次开发。另外，在目前中国现行社会和经济结构下，国内农村劳动力剩余的流动表现出"候鸟式"特点，即打工者在城乡间往返流动，这一点，明显区别于其他发展中国家农村劳动力从乡到城的单向迁移。因此，直接套用原汁原味的二元结构模型，难免会出现水土不服（刘志伟，2013）。

一、刘易斯模型的假设条件中与中国实际相差甚远的部分

（1）刘易斯模型假设：农村劳动力剩余的乡－城转移是永久性的迁移，即农村劳动力从农业部门流动到城市产业部门，成为稳定的产业工人和市民，在实现职业身份转换的同时也完成了社会身份的转变，不存在回流现象（郭熙保等，2010）。

中国的实际：大陆的劳动力流动有约束条件，受户籍、保障等制度影响。中国农村劳动力的流动实际表现为"候鸟式"迁移，是一个既有流出又有回流的过程（蔡昉，2001），即年轻的农民工不断涌入城市寻求发展，与此同时，工作一段时间的年长农民工回流、不断返乡，是一个涌入与流出循环反复的过程。

（2）刘易斯模型假设：劳动力同质化假定，即农村劳动力具有相同的文化程度、工作技能及劳动生产率，未考虑人力资本禀赋的差异性及其影响。

中国的实际：受文化程度、个人资源禀赋等差异因素的影响。中国农村劳动力不是同质化的群体，而是随着时间推移，内部不断分化，同质性逐渐减弱，异质性不断加强，代际之间的反差尤为明显（郑耀州，2011）。黄乾的研究则更加深入，农民工人力资本因素是就业稳定性的重要影响因素，而就业稳定性又直接影响着其工资收入的高低（黄乾，2009）。另外，劳动力的"干中学"资本一般会随着工作年限的顺延而增加。以上的研究成果均为工作年限延长的假设提供了理论支撑。

（3）刘易斯模型假设：在前两个假定前提下，很容易推导出这个隐含条件：每个由乡村迁移进城的人员有着相同和固定的工作年限。

中国的实际：由于中国农村劳动力的流动为"候鸟式"，由于进城务工人员的文化程度、个人资源禀赋等差异，显然进城务工人员各人的工作年限不同。总体上进城务工人员的平均工作年限都较短，仅为7—8年（林坚等，2007）。从年龄构成来看，多为20～30岁年龄段的农村劳动力

数量，那几年受"民工荒"影响，40 岁以上的农民工有逐年增加的趋势，所占比例由 2008 年的 30.0% 上升到 2011 年 38.3%。依据涂圣伟等 2011 年对劳动力的估算，2008 年国内农村劳动力剩余存量为 15 518.3 万人（涂圣伟等，2011），按照 40 岁以上的劳动力剩余占 50% 计算，尚有 7 759 万人，是世界上最具潜力的待开发劳动力市场。

二、刘易斯模型的改进

根据以上劳动力市场事实，受杨国才（杨国才，2006）对刘易斯模型改进的启示，从工作年限出发，构建出劳动力供给时限模型，该模型的特点是：

（1）根据进城务工年限，将农村劳动力供给规模分为三个层级：第一级表示现实规模，即实际劳动力供给（数量为 l_1），指前面提到的 16～30 岁劳动力，第二级表示潜力规模 I，即第一级劳动力延长 5 年工作年限的劳动力供给（数量为 $l_1 + l_2$）；第三级表示潜力规模 II，即第一级劳动力延长 10 年工作年限的劳动力供给（数量为 $l_1 + l_2 + l_3$）。

（2）第一级的农村劳动力供给曲线，其形状是一条直角折线，其经济意义是：现实的农村劳动力市场上，工资水平为 w_1 时，劳动力供给的最大数量为 l_1；当用工需求大幅度增加时，即使支付更高水平工资，劳动力的供给数量也不会增加（直角折线的垂直部分）；同理，可以绘出形状相同的第二级、第三级劳动供给曲线。

（3）将三个级别的供给曲线叠加，形成图 5 - 1。

整个劳动力市场的供给曲线中给工业部门的供给部分，是一条向右上方攀升的阶梯状折线。代表的经济内涵是：工资水平低于 w_1 时，给工业部门的劳动力供给数量为零，工资水平为 w_1 时，给工业部门的劳动力供给数量为 l_1 的农村劳动力完成转移。受工作年限延长影响，其人力资本水平、职业适应能力及竞争能力得到提高和增强，获取更高层次职业机会的可能性就越大，个体工资水平自然会上升到 w_2 和 w_3 水平，相应给工业部门的劳动力供给规模也分别增加到 $l_1 + l_2$ 和 $l_1 + l_2 + l_3$ 水平，其中 $l_1 + l_2 + l_3$ 是在维持目前人口增长率下的农村劳动力剩余供给规模的理想挖潜值。社会劳动力总量为 l。

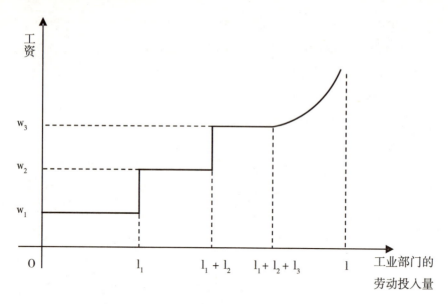

图 5-1　改进后的刘易斯模型中的劳动供给曲线

改进后的刘易斯模型不仅清晰描述了不同工作年限下的农村劳动力供给规模，同时也揭示了人力资本是工资收入的重要影响。人力资本理论认为，劳动力的工资水平往往取决于人力资本投资规模，人力资本投资可以通过增加人力资本存量而提高劳动力生产率，进而带来高工资。人力资本投资主要有学校教育和职业培训两种途径，接受教育越多，人力资本也越多；工作年限越长，通过"干中学"积累的职业经验也越多，人力资本存量同样得到改善和提高。改进后刘易斯的模型则准确地表明人力资本变动与工资水平的强关联性；随着工作年限的延长，个体劳动力的工资水平也随之提高。

三、中国劳动年龄人口的预测

人口过渡是人口统计学的概念，用来揭示人口转变的规律，即发展中国家一般从高死亡率和高出生率的人口再生产开始，途径低死亡率和高出生率阶段，最后实现低死亡率和低出生率的人口变化过程，人口总量则呈现出增长、稳定和下降态势。

1949 年至今，中国的人口变化过程同样符合上述特征。联合国人口司 2012 年的预测（何国俊等，2008），如图 5-2 所示（刘志伟，2013）。

中国的劳动年龄人口（15~64 岁）占比在 2015 年前呈上升趋势，2015 年达到 72.7% 的峰值，随后呈现下降趋势，2030 年降为 68.9%。从绝对数量看，2015 年为 9.95 亿人，2030 年为 9.6 亿人。

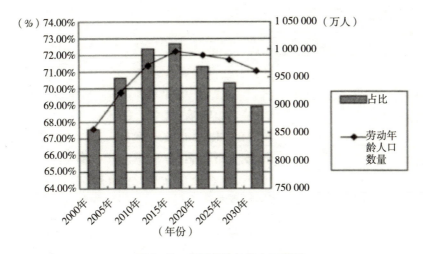

图 5 - 2 中国劳动年龄人口预测

注：此预测为联合国的中位数方案预测结果，联合国仅对末尾为 "0" 和 "5" 的年份进行预测。

四、劳动力工作年限模型

上面中国劳动年龄人口预测是对劳动力数量的预测，未考虑农民工不同工作年限带来的影响。在前面刘易斯改进模型的基础上，将农民工的工作年限划分为三种不同的情况，以 L_t 表示为 t 年的个体劳动力毕生的总工作年限，则劳动力工作年限模型为：

$$L_t = P_t \cdot N_i = (P_{1t} + P_{2t}) \cdot N_i$$

其中 P_t 为 t 年劳动力数量，由城镇劳动力 P_{1t} 和进城农民工 P_{2t} 组成；N_i 代表不同假设条件下的工作年限：$i = 0$ 表示现实的年限，$i = 1$ 表示延长 5 年工作年限，$i = 2$ 表示延长 10 年工作年限。为了简单分析且不失一般性，依据国家统计局 2012 年劳动力调查，假定城镇就业中农民工比例为 12.5%，城镇劳动力实际工作年限为 25.6 年，农民工为 7.5 年（周德禄，2005），在联合国的劳动力预测数据基础上进行推算，计算过程略去，预测结果如图 5 - 3 所示（刘志伟，2013）。

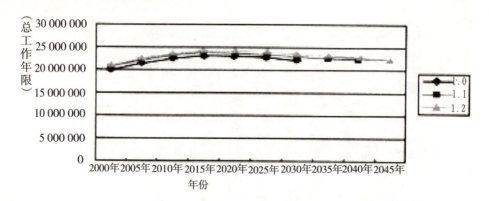

图 5 – 3　工作年限延长后的中国劳动力供给预测

从图 5 –3 可以看出，如果保持目前的人口增长率，达到目前的劳动力供给预测（L_0）水平，在假设 1（如果进城农民工工作时间延长 5 年）下，劳动力供给（L_1）将在 2040 年出现供需缺口，即劳动力短缺时间可以顺延 10 年；同理可知，如果进城农民工工作时间延长 10 年，其劳动力供给（L_2）可以顺延 15 年。总之，进城务工年限的延长，不仅有助于实现农民工的有序流动，更在一定程度上缓解了现实中的"民工荒"问题，进而为推进城市化进程和实现整个经济增长带来人力保障。

无论刘易斯转折点到来与否，目前我国农村存量劳动力中可转移劳动力的空间已经很小是不争的事实，但若延长农民工的进城务工年限，国内劳动力供给总量还会增长，刘易斯转折点的来临可以延缓 10 ~ 15 年，中国经济仍可继续收获人口红利。

5.2.3　统计测算

刘易斯转折点的统计测算方法，实际上是利用农村劳动力剩余的农户组群方法（喻葵等，2003），参见 3.2.5 节，为此本段中的符号含义不再赘述。

在农户组群方法中，以全国（大陆地区）作为其模型中组群的构成，则测算出 $L_3 = (1 - h) \overline{L_1} \geq 0$。当 $L_3 > 0$ 时，说明仍存在有农村劳动力剩余；当 $L_3 = 0$ 时，说明农村劳动力剩余已经没有了，农村劳动力剩余向非农业经济部门的转移结束了。

从刘易斯转折点概念和刘易斯转折点到来的检验标准可知，完全可以在农户组群方法的资源优化模型中得到解释。刘易斯转折点到来时（转折过程彻底完成时）：

条件 1：农业部门的劳动工资率等于非农业部门的劳动工资率，即 $w_1 = w_2$；

条件 2：农业部门的劳动边际产出等于非农业部门的劳动边际产出，即：

$$\frac{\partial R_1}{\partial L_1} = \frac{\partial R_2}{\partial L_2}, \quad 亦即 \quad p_1 \frac{\partial x_1}{\partial L_1} = p_2 \frac{\partial x_2}{\partial L_2}$$

由组群农业的劳动产出弹性和组群非农业的劳动产出弹性的定义 $\varepsilon_{1L} = \frac{L_1}{x_1} \frac{\partial x_1}{\partial L_1}$ 和 $\varepsilon_{2L} = \frac{L_2}{x_2} \frac{\partial x_2}{\partial L_2}$，可得：

$$\varepsilon_{1L} \frac{R_1}{L_1} = \left(\frac{L_1}{x_1} \frac{\partial x_1}{\partial L_1} \right) \cdot \frac{p_1 x_1}{L_1} = p_1 \frac{\partial x_1}{\partial L_1},$$

$$\varepsilon_{2L} \frac{R_2}{L_2} + (w_1 - w_2) = \left(\frac{L_2}{x_2} \frac{\partial x_2}{\partial L_2} \right) \cdot \frac{p_2 x_2}{L_2} + (w_1 - w_2) = p_2 \frac{\partial x_2}{\partial L_2} + (w_1 - w_2)$$

故由条件 1 和条件 2 得 $\varepsilon_{1L} \frac{R_1}{L_1} = \varepsilon_{2L} \frac{R_2}{L_2} + (w_1 - w_2)$，从而公式（3.55）成立，即：

$$\frac{\varepsilon_{1L} \dfrac{R_1}{L_1}}{\varepsilon_{2L} \dfrac{R_2}{L_2} + (w_1 - w_2)} = 1$$

反之亦然，即理论上应该是：

刘易斯转折点到来 $\Leftrightarrow$ 公式（3.55）成立。

也就是说理论上，刘易斯转折点到来之日，等价于农村劳动力剩余为零之时。现实中，当然不是一个瞬间过程，而是逐步转变过程。

为近似估计，可如同测算农村劳动力剩余数量的方法（参见 3.2.5）节，取相应经济量的统计量 $\overline{L_1}$、$\overline{K_1}$、$\overline{D_1}$、$\overline{L_2}$、$\overline{K_2}$、$\overline{R_1}$、$\overline{R_2}$、$\overline{w_1}$、$\overline{w_2}$、$\overline{\varepsilon_{1L}}$ 和 $\overline{\varepsilon_{2L}}$，记：

$$h = \frac{\overline{\varepsilon_{1L}} \dfrac{\overline{R_1}}{L_1}}{\overline{\varepsilon_{2L}} \dfrac{\overline{R_2}}{L_2} + (\overline{w_1} - \overline{w_2})}$$

h 便可依据统计数据估算出来，当 $h \approx 1$ 时，可以认为刘易斯转折点到来了；当 $0 < h < 1$ 时，可以认为刘易斯转折点尚未到来。刘易斯转折点到来的

转变过程，动态表现为 h 逐渐接近于 1。

注意：从经济意义上可以认为：

$$\overline{D_1} = D_1, \quad \overline{R_1} = R_1, \quad \overline{R_2} = R_2, \quad \overline{w_1} = w_1, \quad \overline{w_2} = w_2,$$

$$\overline{L_1} + \overline{L_2} = L_0, \quad \overline{L_2} \approx L_2, \quad \overline{\varepsilon_{1L}} \approx \varepsilon_{1L}, \quad \overline{\varepsilon_{2L}} \approx \varepsilon_{2L}$$

从而：

$$h \approx \frac{\varepsilon_{1L} \dfrac{R_1}{L_0 - L_2}}{\varepsilon_{2L} \dfrac{R_2}{L_2} + （w_1 - w_2）}$$

因此，在具体的 h 测算中，只要利用统计数据，应用回归分析法立即可得估计值 ε_{1L} 和 ε_{2L}（参见 3.2.1 节或 3.2.2 节）；$\dfrac{R_1}{L_0 - L_2}$ 和 $\dfrac{R_2}{L_2}$ 实际上分别是农业部门的单位劳动收入和非农业部门的单位劳动收入，可以一次性统计或利用政府有关部门的现成统计数据。

参考文献

阿瑟·刘易斯（美）著，施炜等译. 二元经济论 ［M］. 北京经济学院出版社，1989 年.

成丽丽. 我国农村剩余劳动力转移的障碍及化解对策 ［J］. 湖北经济学院学报（人文社会科学版），第 3 卷第 6 期. 2006（6）.

陈先运. 农村剩余劳动力测算方法研究 ［J］. 统计研究，2004（3）：50－52.

蔡昉. 中国就业增长与结构变化 ［J］. 学术述评，2007（2）.

蔡昉. 破解农村剩余劳动力之谜 ［J］. 中国人口科学，2007（2）.

蔡昉，都阳，王美艳. 农村剩余劳动力的新估计及其含义 ［A］. 蔡昉，人口与劳动绿皮书（2008），中国人口与劳动问题报告 NO.9，刘易斯转折点如何与库兹涅茨转折点会合 ［C］. 社会科学文献出版社，2008：167－179.

蔡昉. 刘易斯转折点——中国发展新阶段 ［J］. 北京：社会科学文献出版社，2008.

蔡昉. 劳动力迁移的两个过程及其制度障碍 ［J］. 社会学研究，2001（04）.

蔡昉. 人口转变、人口红利与经济增长可持续性 ［J］. 人口研究，2004（02）.

蔡昉. 人口转变、人口红利与刘易斯转折点 ［J］. 经济研究，2010（4）.

德布拉吉·瑞（美）. 发展经济学 ［M］. 北京大学出版社，2002：331－332，340－344.

郭金兴. 1996～2005 年中国农业剩余劳动力的估算——基于随机前沿模型的分析 ［J］. 南开经济研究，2007，（4）.

高建坤. 中国人口转变与人口红利分析 ［J］. 当代经济研究，2012（04）.

管荣开. 我国农业劳动力需要与剩余的研究 ［J］. 农业技术经济，1986（8）：8－12.

高双. 我国农村剩余劳动力数量估计及转移空间分析 ［J］. 经济论坛，477
　　（期，第）05（期）：2010（5）.

胡鞍钢. 中国就业状况分析 ［J］. 管理世界双月刊，1997（3）：36－54.

侯东民，王德文，白南生. 从"民工荒"到"返乡潮"：中国的刘易斯拐点到
　　了吗？［J］. 人口研究，2009（3）：32－46.

何国俊，徐冲，祝成才. 人力资本、社会资本与农村迁移劳动力的工资决定
　　［J］. 农业技术经济，2008（01）.

侯鸿翔，王媛，樊茂勇. 中国农村隐性失业问题研究 ［J］. 中国农村观察，
　　2000（5）：30－35.

黄乾. 城市农民工的就业稳定性及其工资效应 ［J］. 人口研究，2009（05）.

郭熙保，黄灿. 刘易斯模型、劳动力异质性与我国农村劳动力选择性转移
　　［J］. 河南社会科学，2010（03）.

吉利斯等，黄卫平等译. 发展经济学 ［M］. 北京：中国人民大学出版社，
　　1998第4版.

刘建进. 一个农户劳动力模型及有关农业剩余劳动力的实证研究 ［J］. 中国
　　农村经济，1997（6）：15－22.

刘伟. 刘易斯拐点的再认识 ［J］. 理论月刊，2008（2）：130－133.

刘志伟. 刘易斯转折点的扩展及预测 ［J］. 农村经济，2013年第1期.

刘正鹏. 农村剩余劳动力估计及其方法——兼与管荣开同志探讨 ［J］. 农业
　　技术经济，1987（1）：22－24.

陆学艺. "三农论"——当代中国农业、农村、农民研究 ［M］. 社会科学文
　　献出版社，2002.

李天祥，朱晶. 中国的刘易斯转折点到了吗——一个综述研究 ［J］. 经济问
　　题探索，2012年第3期.

林坚，葛晓巍，刘克春. 非农化进程中从事非农职业农民的从业时间浅析
　　［J］. 农村技术经济，2007（02）.

李强. 农民工与社会分层 ［M］. 社会科学文献出版社，2004.

李晓峰. 对我国农村剩余劳动力的数量界定 ［J］. 经济经纬，1994（2）：75－
　　79、19.

黎煦. 刘易斯转折点与劳动保护 ［J］. 首都经济贸易大学学报，2007（02）.

黎煦. 刘易斯转折点与劳动力保护——国际经验比较与借鉴 ［J］. 中国劳动

经济学，2007（2）.

李雄，刘山川. 新时期"民工荒"问题研究［J］. 学术探索，2010（4）.

迈克尔·P·托达罗，斯蒂芬·C·史密斯. 发展经济学［M］. 北京：机械
　　工业出版社，2009.

马晓河，马建蕾. 中国农村劳动力到底剩余多少?［J］. 中国农村经济，2007
　　（12）.

南亮进，马欣欣. 中国经济的转折点：与日本的比较，都阳等主编，中国劳
　　动经济学［M］. 北京：社会科学文献出版社，2010.

潘吉勋. 数理经济学［M］. 吉林：吉林大学出版社，1989.

钱文荣，谢长青. 从农民工供求关系看?"刘易斯拐点"［J］. 人口研究，
　　2009（2）.

宋林飞. 中国农村劳动力的转移与对策［J］. 社会学研究，1996（2）：105－117.

宋世方. 刘易斯转折点：理论与检验［J］. 经济学家，2009（2）：69－75.

孙友然，江游，贾愚. 江苏省农村剩余劳动力的估量方法与实证研究［J］.
　　安徽农业科学，2007，35（32）：10521－10522.

孙自铎. 中国进入刘易斯转折点了吗?——兼论经济增长与人口红利说［J］.
　　经济学家，2008（1）.

唐茂华. 面临的形势：工资上涨还是劳动力短缺?［J］. 中国发展观察，2007
　　（11）.

涂圣伟，何安华. 中国农村剩余劳动力存量及变动趋势预测［J］. 经济与管
　　理研究，2011（03）.

王诚. 中国就业转型从隐蔽失业、就业不足到效率型就业［J］. 经济研究，
　　1996，（5）.

王红玲. 估算我国农业剩余劳动力数量的一种方法［J］. 统计研究，1998
　　（1）：48－50.

王红玲. 我国农业隐性失业的统计测算［J］. 数量经济技术经济研究，1998
　　（1）：61－63、67.

王检贵，丁守海. 中国究竟还有多少农业剩余劳动力［J］. 中国社会科学，
　　2005（5）：27－35.

王玲，胡浩志. 我国农业剩余劳动力的界定与计量［J］. 安徽农业科学，
　　2004（4）：217－218.

吴要武．刘易斯转折点来临：我国劳动力市场调整的机遇［J］．开放导报，2007（3）：50－56．

西奥多·W·舒尔茨（美）．人力资源［M］．华夏出版社，1900：5．

西奥多·W·舒尔茨．改造传统农业［M］．商务印书馆，1999．

许伟，章宏韬．当前农村一大突出问题［J］．中国农村经济，1993（3）．

杨国才．基于民工异质的刘易斯模型改造［J］．技术经济，2006（09）．

喻葵，王忠郴．关于农村剩余劳动力数量的测算［J］．上海第二工业大学学报，2003（2）：15－21．

周德禄．基于人口指标的群体人力资本核算理论与实证［J］．中国人口科学，2005（03）．

朱晶，李天祥，李琳．迁移成本、工资上升与刘易斯转折点—— 一个对刘易斯转折点分析框架的再探讨［J］．农业经济问题，2011（9）：8－17．

周健．"刘易斯转折点"被推迟与"民工荒"［J］．岭南学刊，2008（3）．

张佳龙，张建良．苏南模式的弊端及其出路［J］．中国农村经济，1993（5）．

赵秋成．农村剩余劳动力定量分析的一个模型［J］．江苏统计，2000（1）：20－21．

张晓波，杨进，王生林．中国经济到了刘易斯转折点了吗？——来自贫困地区的证据［J］．浙江大学学报（人文社会科学版），2010（1）．

赵显州．关于"刘易斯转折点"的几个理论问题［J］．经济学家，2010（5）．

郑耀洲．基于异质性特征的新生代农民工培训研究［J］．经济管理，2011（02）．

张宗坪．"刘易斯拐点在我国已经出现"证伪——"民工荒"假象分析［J］．山东经济，2008（2）．

周祝平．人口红利、刘易斯转折点与经济增长［J］．中国图书评论，2007（9）．

章铮．民工供给量的统计分析——兼论"民工荒"［J］．国农村经济，2005，（1）．

国家统计局农调总队社区处．关于农村剩余劳动力的定量分析［J］．国家行政学院院报，2002（2）：34－38．

农业部课题组．21世纪我国农村就业及剩余劳动力利用问题研究［J］．中国农村经济，2000（5）．

Bloom，D. E.，Canning，D. &Sevilla，J.，The Demographic Dividend：A New Perspective on the Economic Consequences of Population Change［R］，Rand Corporation，2003．

K. W. Chan, A China Paradox: Migrant Labor Shortage Amidst Rural Labor Supply Abundance, Eurasian Geography & Economics, 2010, 51 (4): 513 –531.

S. Green, On the World's Factory Floor : How China's Workers Are Changing China and the Global Economy, 2008 – 01 – 04.

D. Jorgenson, Surplus Agricultural Labor and the Development of a Dual Economy, Oxford Economic Papers, vol. 19 (1967), no. 3, pp. 288 – 312.

J. Knight, "China, South Africa and the Lewis Model", Paper Prepared for the Wider Workshop Southern Engines of Global Growth: Focusing on Growth Experiences of China and India, Held in Beijing on January 12 – 13, 2007.

W. Arthur Lewis, The Theory of Economic Growth (Homewood, IL: Irwin, 1955).

W. Arthur Lewis, Reflections on Unlimited Labour, in Di Marco, L. (ed.) International Economics and Development [M], New York, Academic Press, 1972.

Ragnar Nurkse, Problems of Capital Formation in Underdeveloped Countries, Oxford: Blackwell, 1957; first published in 1953.

W. Arthur Lewis, Economic Development with Unlimited Supplies of Labour, Manchester School, 22 (May 1954), 139 – 191.

Knut Sydsaeter, Arne Strm, Peter Berck (挪威), 张涛译. 经济学家数学手册 [M]. 上海: 复旦大学出版社, 2001.